Um país levantado em alegria

Ricardo Viel

Um país levantado em alegria

20 anos do prêmio Nobel de literatura a José Saramago

Companhia Das Letras

Copyright © 2018 by Ricardo Viel

Grafia atualizada segundo o Acordo Ortográfico da Língua Portuguesa de 1990, que entrou em vigor no Brasil em 2009. Nas mensagens dirigidas a José Saramago escritas por portugueses, foi mantida a grafia vigente em Portugal.

Capa e projeto gráfico
Claudia Espínola de Carvalho

Foto da caixa
© João Francisco Vilhena; *Lanzarote XIV*, 2014.

Foto de capa
© Daniel Mordzinski; José Saramago/ Paris, 1998.

Créditos das imagens
pp. 44 e 51: Arquivo/ FJS; pp. 59, 66 e 67: CML/D. Marca e Comunicação; pp. 76-77: Nobelmuseet/ The Nobel Museum

Revisão
Ana Maria Barbosa e Jane Pessoa

Dados Internacionais de Catalogação na Publicação (CIP)
(Câmara Brasileira do Livro, SP, Brasil)

Saramago, José, 1922-2010
  20 anos Nobel / José Saramago. — 1ª ed. — São Paulo: Companhia das Letras, 2018.

  Conteúdo: v. 1. Último caderno de Lanzarote — O diário do ano do Nobel / José Saramago — v. 2. Um país levantado em alegria / Ricardo Viel
  ISBN 978-85-359-3186-0

  1. Escritores portugueses – Diários 2. Literatura portuguesa 3. Saramago, José, 1922-2010 – Diários 4. Prêmio Nobel I. Viel, Ricardo. II. Título. III. Título: Último caderno de Lanzarote – O diário do ano do Nobel. IV. Título: Um país levantado em alegria: 20 anos do prêmio Nobel de literatura de José Saramago.

18-21206   CDD-869.8

Índices para catálogo sistemático:
1. Escritores portugueses: Diários 869.8
2. Escritores portugueses: Prêmio Nobel 869.8

Maria Paula C. Riyuzo – Bibliotecária – CRB-8/7639

[2018]
Todos os direitos desta edição reservados à
EDITORA SCHWARCZ S.A.
Rua Bandeira Paulista, 702, cj. 32
04532-002 — São Paulo — SP
Telefone: (11) 3707-3500

www.companhiadasletras.com.br
www.blogdacompanhia.com.br
facebook.com/companhiadasletras
instagram.com/companhiadasletras
twitter.com/cialetras

É possível, como se viu nesta semana, que
um país se levante em alegria porque alguém
ganhou um prêmio de literatura.

Eduardo Prado Coelho — outubro de 1998

Gostaria, depois de já não estar, que a
Pilar organizasse, para publicar, cartas
absolutamente extraordinárias, documentos
humanos de uma profundidade, uma beleza e
emoção raras, que me chegam de toda a parte.

José Saramago — janeiro de 2003

Sumário

A mão esquerda de Deus... — Eduardo Lourenço   9
Sr. José multiplicado — Sergio Ramírez   11

Introdução   15

Os dias do Nobel

O segredo   21
A hora do anúncio   26
Eterno candidato?   31
A festa em Frankfurt   35
O Nobel na Espanha   46
A recepção em Portugal   53
A consagração em Estocolmo   68

As felicitações

As mensagens   85
O morador mais conhecido   88
Do mundo da política   92
Do mundo da cultura   97
Leitores anônimos   127

Papéis de Estocolmo

Comunicado da Academia Sueca   149
Discursos de Estocolmo   152
Diários de Pilar del Río   173

Nota do autor   185

A mão esquerda de Deus...
Eduardo Lourenço

Das histórias bíblicas, a de José é a mais romanesca. Thomas Mann retomou-a por sua conta. E Deus, mesmo só com uma mão, tirou da sua internet infinita com "todos os nomes" o do autor do *Memorial*, para lhe oferecer um conto mais fantástico que o do Livro Santo. Pela mesma ocasião, curou aquilo que José Régio e todos nós portugueses temos vivido como "a chaga do lado" da nossa pouca visibilidade no mundo.

O merecido sucesso de José Saramago coroa um destino de escritor que deve tudo à violência da sua vontade de escalar os céus, sem pressa, dando tempo ao tempo. José Saramago pertence a uma linhagem mais rara do que se julga, a dos que escrevem depois de ter vivido. E à mais rara ainda, sobretudo na nossa tradição, de não ceder à natural tentação de se vingar da vida, do mundo, da História, glosando compulsivamente a sua experiência subjetiva e fazendo girar o mundo à sua volta. Isso não o coloca fora de uma mais arcaica tradição nacional: a do alegorismo que é sempre espelho de uma verdade já revelada. No horizonte da sua ficção há essa íntima convicção de uma verdade de rosto exclusivamente humano que lhe servirá para invocar, por contraste, a inumanidade ofuscante que caracteriza o tempo da cegueira que nos coube. E lhe coube. Salvou-o da hagiografia e do dogmatismo um miraculoso dom de ironia e uma quase mais inexplicável candura ou simplicidade diante da vida, que a vontade de poderio e o cego arbítrio tantas vezes desvirtuam.

De hoje em diante haverá um "mito Saramago", como existe em torno de Fernando Pessoa, que, como todos os mitos, não tem tanto a ver com o valor das respetivas obras, mas com o vazio que vêm preencher no nosso imaginário nacional em busca do reconhecimento universal. Toda a nossa cultura beneficiará dessa aura que poderia ter recaído sobre outros, mas lhe coube e assenta como um diadema invisível ao autor de *Todos os nomes*, a mais bela e profunda das suas alegorias. A alegoria do nome comum que os deuses, como quem joga, extraíram do lote dos possíveis para lhe conferir — porque o seu nome é a sua obra — um nome próprio de aqui em diante se tornará no nome coletivo da nossa literatura, que, mesmo ignorada — e não tanto como isso — sempre esteve vocacionada para uma visibilidade universal.

O mais alto dos prêmios não pode inventar o que não existe. Dá-o a ver e proporciona-nos a alegria de nos rever nele como portugueses. Mais nada se lhe pode pedir.

Vence, 8 de outubro de 1998

Sr. José multiplicado
Sergio Ramírez

Gostava de chamá-lo de sr. José, não só pelo afeto respeitoso, mas também em homenagem ao seu José de *O Evangelho segundo Jesus Cristo*, um carpinteiro aprazível que bem merecia o título de senhor, e pelo sr. José de *Todos os Nomes*, metódico e humilde empregado do registro civil a quem, no entanto, aconteceram coisas surpreendentes, como é a vida sempre, que põe diante de nós assuntos que nem suspeitamos; e como o carpinteiro, que se culpabiliza pelo massacre de crianças decretado por Herodes, enorme surpresa, e expia essa culpa crucificado pelos romanos, isso tudo segundo o romance do verdadeiro sr. José, está claro, criador dos outros sr. José, o amanuense e o carpinteiro.

Com prêmio Nobel ou sem prêmio Nobel, o sr. José continuará a ser na minha memória de leitor, e de escritor, o mesmo sr. José que multiplica mundos; e a essa memória, agora afetiva, costuma regressar o sr. José, o ser humano, com o seu humor desdenhoso, um quase imperceptível gesto da boca, um sorriso que os olhos apenas insinuam. Uma bondade com brincalhona malícia. Fomos cúmplices desde o primeiro dia em que nos vimos cara a cara. E, além do mais, desde antes disso eu era devoto confesso do sr. José. Onde fosse que nos encontrássemos, em

Madri, no México, em Lanzarote, ainda que estivéssemos tempos sem nos falarmos, alegrávamo-nos tanto por nos vermos. Com prêmio Nobel ou sem prêmio Nobel. Mas o caso é que a misteriosa e sacrossanta Academia Sueca decidiu um dia atribuir-lhe esse prêmio, ou colocar na sua cabeça essa coroa sem igual sobre a terra, para alguém que se dedicou com afinco ao ofício único ou preferencial da sua vida, multiplicando mundos.

E então ali o temos, o sr. José prêmio Nobel, até agora o único de língua portuguesa, dessa estirpe que começa com Camões, segue com Machado de Assis, com Eça de Queiroz, com Fernando Pessoa, e fico por aqui, já que se trata apenas de uma lista exemplar, só para que vejamos de que língua se trata e qual a sua cepa, e o quanto demoraram em premiá-la.

E agora está aqui este livro de Ricardo Viel que nos relata a história do prêmio Nobel concedido ao sr. José, contada como se se tratasse de um thriller pelo suspense que supõe, avisos secretos, revelações proibidas, ter a palavra na boca e não poder contá-la, o sr. José indiferente e alheio àquilo que lhe cairia em cima, ou talvez suspeitando pouco, ou muito, e quem já o sabia sem lhe poder fazer nenhuma confidência, e o já premiado no aeroporto de Frankfurt a ponto de apanhar um avião de volta a Madri, a notícia finalmente nos seus ouvidos comunicada pela funcionária da empresa aérea e não pela augusta voz do secretário ou presidente da Academia Sueca, quem sabe, e depois, incrédulo, caminhando solitário pelo corredor interminável para sair do aeroporto de volta ao recinto da Feira do Livro onde o esperavam a festa e a confusão e os cravos e as rosas e o champanhe, que raio é isto do prêmio Nobel, deram-no e ainda permanece nesse estado de graça da incredulidade, e já se nota que o único que queria nesse momento de suprema solidão era ter Pilar ao seu lado, e em vez de voltar à Feira, no meio daquele desamparo, o que deseja é voltar a Lanzarote e a Pilar, vejam só que sr. José mais desamparado, a glória não é como a pintam, manjar supremo, mas um desassossego, um descalabro, feliz e tudo, mas um descalabro.

Isso tudo, no que se refere a segredo e surpresa. E em seguida vem a parte realmente mais feliz, mesmo que ainda estejam os sobressaltos, o que podemos chamar de avalanche mundial de reações na qual Portugal, a pátria do sr. José, começa a reivindicá-lo como seu, como se alguém lho tivesse tirado ou estivesse a ponto de fazê-lo, uma forma de carinho também, este sr. José é meu e de mais ninguém, não vá alguém pensar que se afastou de nós, que lhe impusemos um desterro, e aqui está, tenha, sr. José, por favor, o Grande Colar da Ordem Militar de Sant'Iago de Espada, porque um prêmio Nobel vale tanto e até mais do que um chefe de Estado, os chefes de Estado passam e são esquecidos, e você, sr. José, nem passará nem será esquecido.

E do rastro entusiasta de felicitações, Ricardo Viel só nos oferece uma mínima mostra, não sei quantos milhares de faxes, mensagens eletrônicas, telegramas, cartas, até declarações de amor recebeu o sr. José, não é de estranhar, um gostamos de ti universal que se ganha não porque te deram o prêmio Nobel, isto está bem mas não é o suficiente; mas porque os livros do sr. José tinham se convertido em parte da vida dos demais, as suas personagens viviam nas casas dos seus leitores e eram, mais do que amigos, seus familiares, e então, olha quem foi premiado, aquele que inventou estes todos, todas as histórias multiplicadas, aquele que nos imaginou com outras vestimentas.

Quanta falta nos faz o sr. José neste mundo de pernas para o ar, onde o diabo do fascismo anda novamente passeando sob tantos e diversos disfarces. Disfarça-se de lobo manso, disfarça-se de lobo generoso, ou seja, de lobo populista, e até se disfarça, não poucas vezes, com roupagem de esquerda, mas não há maneira de que esconda o rabo peludo, nem as unhas e garras, nem que possa dissimular o cheiro a enxofre que deixa quando passa.

Aquele sr. José sem pelos na língua. Erguido em defesa da dignidade humana e que a não poucos assustava porque soube sempre ir à raiz das coisas sem considerações nem leviandade, soube apartar os disfarces e descobrir os esconderijos. Separa o joio do trigo porque, ao fim e ao cabo, além de criador de mundos infinitos, foi um humanista fazedor do seu próprio evangelho, o Evangelho segundo Saramago.

Manágua, 4 de julho de 2018

Introdução

No dia 8 de outubro de 1998, minutos depois de receber a notícia de que o prêmio Nobel de literatura lhe havia sido atribuído, José Saramago viu-se só, num imenso corredor de um aeroporto. Estava longe da companheira, muito distante da sua casa, do jardim onde passava os finais de tarde rodeado dos cães, e foi invadido por uma "solidão agressiva" que nunca havia sentido. "Deram-me o Nobel, e o quê?", diz que pensou, naquele momento, o escritor português. E percebeu que a alegria vinda com a notícia fora encoberta pelo fato de não ter com quem partilhar aquela conquista.

Mas, nas semanas e meses seguintes, José Saramago teve a oportunidade de dividir com a mulher, os amigos e os leitores a felicidade que o prêmio trouxe. No final de 1998 e durante todo o ano de 1999, o escritor viajou boa parte do mundo para estar com aqueles que se alegraram com a sua vitória. Nesse período o novo Nobel participou de incontáveis atos. Plantou árvores, desvelou placas com o seu nome em escolas, praças, ruas — e até numa ponte internacional que une Portugal e Espanha —, recebeu condecorações e títulos, viu o seu rosto estampado num selo, assistiu a adaptações teatrais das suas obras, abriu e fechou congressos e feiras do livro, foi declarado doutor honoris causa por universidades, recebeu centenas de jornalistas de todo o mundo e autografou milhares de livros.

Durante pouco mais de um ano, José Saramago reinou com a invisível faixa ao peito. Esteve em várias localidades de Portugal, entre elas Azinhaga, a sua aldeia natal. Viajou pela África (Angola, Moçambique, África do Sul) e pela América (Brasil, do Norte ao Sul do país, Argentina, Cuba, México e Estados Unidos) e percorreu boa parte da Europa. Em dezembro de 1999, já prestes a passar a coroa ao alemão Günter Grass, concedeu uma entrevista ao *Jornal de Letras*, onde falou sobre os cerca de quatrocentos dias em que viveu uma vida de estrela de rock. "Quando disse que o Nobel não ia mudar a minha vida, provavelmente o que queria dizer é que não ia mudar a pessoa. Mudar a vida, calculava; não podia imaginar era até que ponto. E com que intensidade, nesta espécie de delírio que foi viver este ano. Um ano que não posso esquecer." Reconheceu, nessa conversa com Rodrigues da Silva, que não foi capaz de prever a avalanche que viria com o prêmio. "Se calhar, na altura só estava a pensar em Portugal. Ou em Portugal e alguma coisa mais. O que me espantou nem foi o Brasil, com quem tenho uma relação forte, pelo que era natural que a emoção e o entusiasmo fossem o que foram. Mas o resto, e 'resto' com todo o respeito, é que eu não podia esperar: no Peru, na Bolívia, no México, na Venezuela, no Uruguai, na Argentina... Recebi jornais destes países e vi títulos que se justificariam se o premiado fosse de lá."

Disciplinado e determinado como era, ciente da responsabilidade que um galardão com aquela dimensão trazia, o autor encarou o excesso de compromissos como uma oportunidade para dar visibilidade às causas literárias e humanistas que assumia. Manteve a postura séria e combativa em cada intervenção pública que fez e aceitou aquele triunfo como algo que devia ser partilhado.

"A alegria aqui foi tão forte que eu diria que é como se, da noite para o dia, todo o mundo, de uma hora para a outra, tivesse crescido três centímetros; ou seja, todo o mundo aqui se sentiu mais alto, mais forte, mais lúcido, com mais esperança, pelo simples fato de que um escritor português tenha o prêmio Nobel", comentou o escritor sobre a felicidade que invadiu o seu país após a notícia. Revelou também que umas das coisas que mais lhe chamaram a atenção durante esses meses de turnê foi o fato de as pessoas que se aproximavam, mais do que lhe dar os parabéns, lhe dirigirem um obrigado. Como se aquela fosse uma conquista coletiva, não individual, que o autor de *Todos os nomes* recebia em nome de todos. "Não quis ficar em casa. Seria absurdo se o fizesse então, porque nunca o fiz. Nunca fui pessoa de me entregar à minha obra e não querer saber de mais nada."

Disse o jornalista e ensaísta português Eduardo Prado Coelho que, em outubro de 1998, um país inteiro se levantou em alegria para celebrar um prêmio literário. Talvez a sua afirmação pudesse ser estendida, porque não só Portugal foi invadido de contentamento com a notícia. O Nobel de Saramago foi comemorado em muitos países, por milhares de pessoas. As mensagens que por diversas vias chegaram ao escritor nos dias e semanas posteriores ao anúncio do prêmio demonstram-no. São milhares de cartas, telegramas, faxes e cartões — algumas delas reproduzidas neste livro —, enviadas por figuras públicas e pessoas anônimas, que têm em comum a vontade de partilhar a satisfação que a conquista trouxe.

Nesse ano atípico, em que não escreveu quase nada, mas em que viveu muito, Saramago dividiu com os seus leitores e amigos espalhados pelo mundo um galardão que foi recebido e celebrado como um bem comum. Foi o Nobel da língua portuguesa, o Nobel de milhões de leitores de Saramago espalhados pelos cinco continentes. E também o Nobel daqueles que, não tendo lido um só livro do autor, se reconheciam nas suas origens e forma de ver o mundo.

Os dias do Nobel

O segredo

Sexta-feira, dia 2 de outubro de 1998, fim de tarde na Suécia. Amadeu Batel abandona o edifício da Bolsa de Estocolmo a passos rápidos. Leva consigo duas páginas A4 e um segredo. Numa loja, a alguns metros dali, compra uma garrafa de *grappa* — única bebida alcoólica que aprecia — e corre para casa. Sentado no sofá, bebe a aguardente italiana com ânsia e gosto. Um trago para comemorar a revelação que aquelas folhas contêm, outro na tentativa de acalmar os nervos. Repete a operação várias vezes, enquanto tenta fazer o seu coração voltar a bater ao ritmo normal. Durante seis dias terá de manter sigilo sobre a notícia mais aguardada do mundo literário. Não poderá contar a ninguém aquilo que acaba de lhe ser comunicado na Academia Sueca: pela primeira vez o prêmio Nobel de literatura, a maior distinção das letras mundiais, será atribuído a um autor de língua portuguesa. O laureado é José Saramago, homem que Batel aprendeu a admirar, primeiro pelos livros e depois ao conviver com o escritor nas várias vezes em que este visitou a capital sueca. Também português e comunista, Batel será um dos encarregados de manter o segredo, trabalhará para que o premiado e o mundo só saibam da notícia no momento adequado e no idioma conveniente.

"Saí da sede da Academia e comecei a projetar uma quantidade de cenários, o que se iria passar quando fosse anunciado o Nobel, como seriam os dias posteriores e, sobretudo, qual seria a reação em Portugal. Pensei no que gostaria de fazer e não podia: telefonar ao José e preveni-lo do que lhe iria acontecer, telefonar para o Partido Comunista e dar a grande notícia", recorda o agora aposentado professor universitário.

Aquele prometia ser um dia banal na vida de Batel até que o telefone da sua sala na Universidade de Estocolmo soou. Da Academia Sueca pediam que se dirigisse à sede da instituição. Perto das quatro da tarde, o professor chegou à praça Stortorget — onde está o edifício da Bolsa, sede da Academia e do Museu do Nobel — para a reunião a que fora convocado. "Sabe por que está aqui?", perguntou-lhe Åke Erlandsson, braço direito de Sture Allén, o secretário-geral da Academia Sueca. Batel respondeu que não, mas após o silêncio que se fez na sala sentiu-se obrigado a completar a frase: "Imagino que tenha algo a ver com o Nobel de literatura". Escutou atentamente que, reunidos no dia anterior, os membros da Academia tinham decidido por unanimidade atribuir o prêmio Nobel de literatura ao escritor José Saramago. A notícia seria divulgada na quinta-feira seguinte. E ele, Amadeu Batel, tinha sido escolhido para cumprir duas missões. A primeira, traduzir para o português o texto que justificava a escolha dos acadêmicos — as tais duas páginas A4. A segunda, sobre a qual receberia mais informações nos dias posteriores, seria servir de ponte entre a instituição sueca e as pessoas mais próximas do laureado. E sim, agindo com a maior discrição possível.

Em 1963, aos vinte anos, para não ser enviado para a África e combater na Guerra Colonial, Batel abandonou o Portugal do ditador Oliveira Salazar e chegou à Suécia. Primeiro como aluno e depois como professor e coordenador do Centro de Línguas, fez da universidade a sua vida. Conhecia bem o universo literário em língua portuguesa e, embora tanto tempo longe do seu país, mantinha contato com a sua terra. Era o homem de que a Academia Sueca precisava. Estava emocionado, contente e preocupado. Mas não tardou um segundo a aceitar a missão. "Sei que isso não significa nada para os outros, mas para mim sim. Fui o primeiro português a saber que o Saramago era prêmio Nobel. Fiquei estarrecido quando recebi a notícia. A seguir à Revolução do 25 de Abril foi o dia mais feliz da minha vida", conta. Estamos em fevereiro de 2018, quase duas décadas após os acontecimentos, mas, por sorte, conservou o diário daqueles dias, de onde lemos agora as seguintes anotações:

— No sábado, 3 de outubro, trabalho na tradução do texto da Academia. A tradução não é fácil. Telefono para a tradutora de Saramago, Marianne Eyre; ela também já sabia;
— No domingo dia 4, pela manhã, sou chamado para uma reunião na sede da Academia Sueca. Era preciso que os tradutores trabalhassem em conjunto, para que todas as versões do texto fossem homogêneas (a justificativa é sempre traduzida para o francês, inglês, alemão e para o idioma do/a premiado/a). As traduções são comparadas, são dissecadas palavra por palavra;

— Na segunda e terça-feira tenho mais reuniões de trabalho na Academia, novo encontro com os tradutores. Fizemos um pequeno folheto com a biografia e bibliografia de Saramago para o idioma sueco;
— Na quarta-feira, dia 7, às duas da tarde, telefonam-me. Pedem-me para localizar o José Saramago, descobrir o telefone para o qual o secretário-geral da Academia Sueca deverá ligar, no dia 8, perto do meio-dia, para dizer que lhe fora atribuído o Nobel de literatura. Sabiam que ele estava em Frankfurt, queriam saber em que hotel, número do quarto, telefone etc. "Ninguém pode saber, muito menos o laureado", dizem-me. O laureado é avisado pela Academia minutos antes de ser tornado público o seu nome.

Na quarta-feira, véspera do anúncio do prêmio, José Saramago participava da Feira do Livro de Frankfurt numa mesa com os portugueses Alice Vieira, Mário de Carvalho e Urbano Tavares Rodrigues com o tema "O que significa ser escritor comunista hoje". O primeiro gesto que Amadeu Batel teve foi telefonar para a Caminho, a casa editorial de Saramago em Portugal. Sem se identificar, pediu para falar com Zeferino Coelho. Foi informado de que o editor de Saramago estava em Frankfurt. Olhou para a agenda, encontrou o telefone de Lanzarote e ligou para a casa do escritor. Sabia que Pilar del Río não estava na Alemanha. Foi ela que atendeu. "Já nos conhecíamos, ela tinha estado várias vezes em Estocolmo com o José", conta. Tentou saber como encontrar Saramago, mas não conseguiu obter essa informação. Pilar, com o seu instinto de jornalista, conseguiu arrancar-lhe a verdade. "Então contei-lhe que o José Saramago receberia no dia seguinte o Nobel. Disse-lhe que era a primeira a saber e que não podia contar nada, absolutamente nada, nem a ele nem a ninguém. A Pilar deu-me o telefone do hotel de Frankfurt, avisando-me de que deveriam telefonar bem cedo, porque o José sairia depois do pequeno-almoço para apanhar o avião." O que ficou combinado nesse telefonema é que Pilar, à noite, quando falasse com o marido, tentaria, sem mencionar o que já sabia, convencê-lo a ficar mais um dia na cidade alemã. Batel ligou em seguida para a Academia Sueca e deu-lhes os números de telefone do hotel em Frankfurt e da casa de Lanzarote.

"Foi horrível, passei uma noite de ansiedade, desconcerto, medo e silêncio. Tinha a notícia mais importante nas mãos e não podia contar a ninguém", recorda Pilar. "Falei ao telefone com o José e inventei uma história, disse que me tinham ligado da editora italiana para me falar do prêmio e que talvez, pela experiência com o Dario Fo [Nobel no ano anterior], eles tivessem algumas informações. Mas o José disse-me que não estava disposto a perder o prêmio e o avião e que não mudaria de planos, iria para o aeroporto." Quando se encontraram em Estocolmo, dois meses depois desses telefonemas, Pilar diria a Batel que, por sua causa, fora obrigada a mentir pela primeira vez ao marido.

A hora do anúncio

Na manhã da quinta-feira, dia 8 de outubro, o telefone da Academia Sueca não tem descanso. Amadeu Batel e os outros tradutores são convidados para estar presentes na sede da instituição no momento do anúncio. Paulo Castilho, escritor e embaixador de Portugal em Estocolmo, recebe uma ligação do secretário da Academia com a notícia e transmite-a ao primeiro-ministro português, António Guterres, e ao presidente da República, Jorge Sampaio.

Minutos antes da uma da tarde, hora de Estocolmo, uma a menos nas Canárias, é o telefone da casa de Lanzarote que toca. Uma voz feminina diz algo em inglês que Pilar não é capaz de entender. Coloca na linha a secretária, Pepa, que em seguida lhe devolve o aparelho dizendo que da Academia Sueca querem falar com ela. Em francês, Pilar troca algumas palavras com Sture Allén. Agradece, desliga e anuncia: "O Nobel, deram-lhe o Nobel!". Com Pilar, estavam naquele momento a sua irmã María e a secretária. Sem entender a confusão de gritos e abraços na cozinha, Pepe, Greta e Camões, os cães da casa, começam a ladrar. Pilar e a irmã agarram os telefones e transmitem uma mensagem quase cifrada aos familiares e amigos: liguem o rádio agora.

Em Frankfurt, a essa hora, José Saramago está no aeroporto prestes a embarcar para Madri. Viajara para a Alemanha apenas para participar da sessão na Feira do Livro e transportava só uma mala de mão com roupa para dois dias. O seu voo, que partiria às 12h55, tinha um ligeiro atraso. Zeferino Coelho tinha lhe pedido que antes de entrar no avião telefonasse para o estande da editora na Feira do Livro para o caso de "haver alguma novidade" — leia-se, para o caso de a notícia sobre o Nobel chegar antes à Feira. Já na sala de embarque, o escritor procura um telefone público, tira do bolso umas moedas e marca o número que tinha anotado.

Enquanto isso, em Estocolmo, na sede da Academia Sueca, pontualmente à uma da tarde, Sture Allén encarava flashes e microfones para dar a esperada notícia. "Este ano a Academia atribuiu o prêmio Nobel de literatura ao escritor português José Saramago", diz. Coloca os óculos de ver de perto e lê os motivos da decisão: "José Saramago, que através de parábolas sustentadas pela imaginação, compaixão e ironia, nos permite apreender continuamente uma realidade fugidia". É questionado pelos jornalistas sobre o paradeiro do novo laureado e responde: "José Saramago está em viagem para Madri, num voo que deve ter saído de Frankfurt pelas 13 horas". Em seguida, os presentes na sede da Academia recebem, em inglês, francês, alemão e português o documento com a justificação da atribuição do prêmio daquele ano. "Não havia lá ninguém de língua portuguesa, ninguém pegou na tradução que fiz. Depois disseram que alguns portugueses presentes deram saltos de alegria. Isso é pura ficção, eu era o único português ali", conta, divertido, Amadeu Batel.

Passados uns segundos, em Lisboa, no estúdio da rádio Antena 1, Francisco Sena Santos grita ao microfone: "José Saramago é o vencedor do prêmio Nobel deste ano". Desde as onze da manhã transmitiam ao vivo um programa sobre literatura e estavam à espera de conhecer o nome do premiado. Nos dias anteriores, Sena Santos havia conversado com outros jornalistas e pessoas ligadas à literatura. Recebera "fortes sinais" de que o português poderia ser o vencedor. "Na véspera do anúncio do Nobel de literatura, um amigo de uma rádio italiana ligou-me para conversarmos sobre a figura de José Saramago. Sabia que esse homem tinha boas fontes em Estocolmo, tinha estado lá no ano anterior, no Nobel para Dario Fo." E foi por isso que, minutos antes de o nome do vencedor vir a público, o locutor telefonou para o estande português em Frankfurt e quis falar com Zeferino Coelho. "Tinha o feeling de que era a vez de Saramago. Tinha havido grande promoção da literatura portuguesa no Salon du Livre, em Paris, e na Feira do Livro de Frankfurt do ano anterior... Daí ter decidido convidar o Zeferino para estar em direto, ao telefone, para comentar o vencedor, fosse o Saramago ou outro. Lembro-me que começou a ser feito o anúncio em língua sueca, foram vinte embaraçosos segundos sem tradução, até que se ouviu, nítido, o nome Saramago. E foi a euforia, partilhada logo no ar com o Zeferino", recorda Sena Santos.

No aeroporto, José Saramago, ainda sem saber de nada, cumpre com o combinado. Telefona para o estande da Caminho na Feira de Frankfurt mas não se identifica. Pede apenas para falar com o editor. Do outro lado da linha alguém diz que vai à procura de Zeferino Coelho, e ele fica à espera. Enquanto segura o aparelho ouve o seu nome ser anunciado pelo sistema de som da sala de embarque. "Sr. José Saramago, sr. José Saramago." Abandona, então, a ligação e vai ao encontro da funcionária da Iberia que o chamava. "José Saramago, é o senhor?", pergunta. "Sim, sou eu", responde o escritor. E foi nesse momento, pela boca de uma senhora cujo nome nunca soube e que jamais voltou a ver, que ele recebeu, em espanhol, a notícia. "Há uma pessoa que quer falar com você por telefone, é que o senhor ganhou o prêmio Nobel."

Do outro lado da linha estava a jornalista Teresa Cruz, que trabalhava na Feira de Frankfurt para o órgão de promoção do turismo e comércio exterior de Portugal. Assim que ouviu que o Nobel de literatura tinha sido atribuído a Saramago, ela, que era responsável por controlar as chegadas e partidas dos convidados portugueses à Feira, procurou o número de telefone da Iberia no aeroporto da cidade e telefonou. Pediu para falar com o balcão de embarque do voo para Madri e informou: "O passageiro José Saramago não pode entrar nesse avião, deram-lhe o prêmio Nobel e tem de voltar para a Feira do Livro". Saramago e Teresa falaram rapidamente. Tantos anos depois daquela conversa, o que recorda com mais nitidez é que o escritor não parecia surpreso nem eufórico ao receber a notícia. "Parecia até um bocadinho frio." José Saramago desligou o telefone e contou o que se passava a Isabel Polanco, diretora-geral do Grupo Santillana, a sua casa editorial para o mundo hispânico. Abraçaram-se e despediram-se, porque ela seguiu viagem para Espanha. O escritor ligou outra vez para Zeferino Coelho que, de forma veemente, lhe pediu para não embarcar. "Está toda a gente aqui à tua espera, tens de voltar! Há centenas de jornalistas que te querem ver." Mas a vontade de Saramago era regressar a casa (em Madri faria uma escala de duas horas), reencontrar Pilar e estar sossegado no jardim ao lado dos cães. Ensaiou uma desculpa, disse que não tinha roupa limpa, sequer uma camisa, mas a frágil justificativa não foi aceita, e acabou por concordar que o mais sensato seria regressar à Feira. Estavam a caminho do aeroporto, avisou o editor. Em vinte minutos estariam lá.

Eterno candidato?

"Não esperava como não o esperei em todos os anos anteriores. Até lhe direi mesmo mais, à medida que os anos vão passando e o prêmio não é atribuído, a esperança de vir a tê-lo vai diminuindo", disse José Saramago em Frankfurt, quando lhe perguntaram se estava à espera de receber o galardão.

Desde que se mudaram para Lanzarote, em 1993, José e Pilar tinham a vida alterada a cada chegada do mês de outubro. Apontado há muito tempo como candidato ao Nobel, nos dias que antecediam o anúncio José Saramago tinha que responder a jornalistas, recebia mensagens de amigos que lhe desejavam boa sorte e também telefonemas de pessoas que garantiam ter informações sobre o prêmio. O ano de 1997 foi especialmente agitado nesse sentido. Os rumores de que o português seria o distinguido eram tão fortes que, no dia em que se tornaria público o nome do vencedor, o escritor acordou com jornalistas à porta de casa. Na hora certa, a família fez uma pausa nos afazeres e, na sala, com o rádio ligado, esperou pela revelação. Ao escutar que o galardão se destinava ao italiano Dario Fo, Saramago disse: "Muito bem, acabou-se a confusão. Agora podemos trabalhar com mais tranquilidade". Em 1995 o vencedor fora o irlandês Seamus Heaney, em 1996 a polonesa Wisława Szymborska e no ano seguinte Dario Fo. Saramago estava convencido de que nos próximos tempos a Academia não pensaria num europeu.

Em 1998, o autor de *Memorial do convento* aparecia novamente entre os possíveis candidatos, mas talvez com menos força. As apostas eram, sobretudo, num nome africano. Já em Frankfurt, na véspera do anúncio, o português fora questionado por mais de um jornalista sobre a sua expectativa para o prêmio. Repetiu que não tinha esperanças. A viagem para Madri no momento em que se revelaria o vencedor até seria conveniente, porque não precisaria, uma vez mais, comentar o assunto com os repórteres.

Mas também é verdade que, embora tenha viajado para a Alemanha sem expectativas, depois da conversa por telefone com a mulher, um dia antes, o escritor ficou na dúvida e pediu a opinião do seu editor português. "Ele disse-me que tinha falado com a Pilar e que ela lhe dera a entender que ia receber o prêmio. E perguntou-me: o que é que tu achas, fico aqui ou vou-me embora? Eu respondi: Acho que deves ir embora, porque senão tu ficas aqui à espera e isto depois não vem... E também não tens de estar aqui, não é por estares aqui que te darão o Nobel", recorda Zeferino Coelho. Foi então que surgiu a ideia de José Saramago lhe telefonar antes de embarcar. Imaginavam que, caso fosse ele o vencedor, já o saberiam antes do anúncio oficial e a tempo de refazer os planos.

Em Lanzarote, Pilar mantinha a promessa de não contar a ninguém o telefonema que recebera no dia anterior. Por volta das dez da manhã o seu irmão Ángel avisou-a de que iria até o centro da vila para comprar os jornais e tomar um café. Perguntou-lhe se queria algo do supermercado e sentiu-a um pouco nervosa: "Não demores que hoje anunciam o Nobel". Ángel respondeu que não havia hipótese de o vencedor ser José Saramago e ouviu-a dizer que ela também não tinha esperanças até lhe ligarem de Estocolmo pedindo informações sobre o escritor. Mesmo assim, não queria criar expectativas, completou Pilar. Para Ángel não havia dúvidas: "Chegara a hora". Fez o passeio mais rápido do que o habitual e na volta passou pelo supermercado para se abastecer de cerveja, vinho e espumante.

"Segundos depois do anúncio do Nobel o telefone começou a tocar e o fax a cuspir papéis. E foi assim o dia todo", recorda o cunhado do Nobel. Enquanto Pilar atendia os jornalistas que começavam a chegar à casa, Ángel, Luís — outro irmão de Pilar que estava na ilha por aqueles dias — e Juan José, filho da jornalista, dividiam-se na tarefa de atender o telefone, vigiar o fax e servir bebidas aos que chegavam. "Posso dizer, sem falsa modéstia, que nós fomos os cronistas, para muitas rádios e televisões de todo o mundo, daquele momento histórico", relata Ángel. Naqueles dias, mais de uma vez, foi acordado no meio da madrugada pelo telefone que tocava ao lado do quarto onde dormia. Alguns jornalistas sul-americanos, sem noção da diferença horária, queriam notícias.

O trabalho de cronista aperfeiçoou-se com a chegada à casa de amigos que falavam francês, alemão e italiano, e que podiam atender os meios de comunicação desses países. Numa folha de rascunho os repórteres amadores foram anotando o nome de quem telefonava. Gente como o dono de uma livraria de Sevilha, o representante do grupo Izquierda Unida no Parlamento da Espanha, o diretor do *Le Monde*, Ignacio Ramonet, a secretária de García Márquez, o cantor espanhol Carlos Cano, os portugueses Baptista-Bastos, Eduardo Lourenço e Carlos Reis. Duas anotações chamam a atenção na folha que resistiu ao tempo: um coletivo de pintores e poetas andaluzes, "todos muito bêbedos de alegria", e uma "mulher anônima de San Cristóbal de Las Casas, Chiapas".

A festa em Frankfurt

Ainda na sala de embarque, o prêmio Nobel pegou as moedas que lhe restaram e discou o número de casa. Quem atendeu foi a sua companheira. A ligação durou pouco e não deve ter sido das mais fluidas. "Ele parecia um pouco perdido porque estava sozinho, parecia desconcertado", contaria a um jornalista horas depois. Mas Pilar também não estava totalmente centrada na conversa. Quando ouviu que o marido ficaria mais um dia em Frankfurt, pôs-se a pensar nos jornalistas com quem já havia falado para informar que o escritor chegaria ao aeroporto de Madri em duas horas. Precisava retificar a informação. "A minha preocupação naquele momento era ter mandado todo mundo para o aeroporto. Nem o felicitei, nem fui carinhosa", lamentaria. Essa primeira conversa pós-anúncio deve ter sido tão traumática que Pilar nem se lembra de ter acontecido. "Lembro-me de termos falado pela manhã, antes de ele sair do hotel, e depois creio que só falamos à noite. Não me recordo de ter me ligado do aeroporto", conta quando lhe mostro o jornal do dia 9 de outubro com declarações suas. A conversa que tiveram à noite correu melhor, e ainda bem, porque foi ouvida por milhares de pessoas. Pilar estava ao vivo numa rádio espanhola, numa tertúlia de que costumava participar, quando foi pega de surpresa. A produção conseguiu colocar na conversa José Saramago, que dava uma entrevista nos estúdios de uma televisão alemã. "Como estás?", perguntou a mulher. E José Saramago, já com os pés mais assentados no chão, contou como lhe tinha corrido o atípico dia. Mas isso foi só de noite...

Ao meio-dia, depois de falar com o seu editor e com a sua mulher, um resignado José Saramago perguntou à funcionária da Iberia: "E por onde saio?". Precisava deixar a zona de embarque para se encontrar com aqueles que o vinham buscar. "Siga por este corredor as indicações de *exit*", respondeu-lhe a mulher. E o dono do nome que ecoava em todo o mundo pôs-se a andar, sozinho, por quase cem metros, até encontrar uma porta de saída. Andava e tentava assimilar o que acabara de lhe acontecer. "Tive de percorrer um corredor imenso, completamente deserto. E então eu, o prêmio Nobel, o pobre senhor que ali ia completamente sozinho, levando a sua mala na mão e a sua gabardina debaixo do braço, dizendo: 'Pois, parece que sou o prêmio Nobel.' Ali, na solidão daquele corredor imenso, não me senti no pináculo do mundo, pelo contrário. Senti-me sozinho, com muita pena de que a minha mulher não estivesse comigo", relataria, depois, a um jornal lisboeta.

Na Feira do Livro de Frankurt o estande português era uma arquibancada de futebol depois de um gol decisivo. As pessoas abraçavam-se, beijavam-se e pulavam de alegria. Um jornalista que testemunhou a cena descreveu-a assim: "O som de algumas garrafas de champanhe ouviu-se aqui e ali, enquanto, aos poucos, se amontoavam televisões e rádios junto ao pavilhão onde se encontravam os expositores portugueses. A agente literária de José Saramago para o estrangeiro, a alemã Ray-Güde Mertin, foi das primeiras a chegar, após percorrer, lavada em lágrimas, os corredores da feira". Colegas de outros países vinham cumprimentar os compatriotas do premiado. Escritores portugueses e de outros países eram entrevistados por jornalistas portugueses (e de outros países) sobre a novidade que acabara de ser divulgada. Nos corredores do pavilhão as informações eram desencontradas: José Saramago voava para Madri; ainda não tinha sido informado; tinha sido contatado e estava a caminho da Feira.

Zeferino Coelho pediu então a Teo Mesquita, um livreiro português que estava havia mais de trinta anos em Frankfurt e que trabalhava na Feira, que o acompanhasse ao aeroporto. Saíram disparados rumo ao estacionamento em busca do carro de Teo e foram interceptados por Dolors Massot, jornalista do diário espanhol *ABC*, que queria mais informações sobre o novo Nobel. O editor respondeu-lhe que não poderiam conversar naquele momento porque iam ao encontro de José Saramago. O faro jornalístico de Dolors funcionou e com meia dúzia de palavras convenceu-os a lhe dar carona.

"Não foi fácil encontrar Saramago no aeroporto. Depois de vinte longos e infinitos minutos a olhar por aqui e por ali, Zeferino Coelho encontrou-o finalmente", escreveria a jornalista espanhola, a primeira a fazer uma pergunta ao escritor naquele dia: "Surpreso?". O escritor respondeu: "Aturdido. Passam-me agora muitas coisas pela cabeça. Já era hora de um escritor português ganhar o Nobel de literatura". No trajeto até a Feira prosseguiu a entrevista, a primeira de muitas naquele dia. "O fato de que me tenham dado o prêmio coloca sobre as minhas costas o peso de uma responsabilidade maior. E se o Nobel serve para que eu disponha de uma voz mais acreditada em alguns foros, bem-vindo seja". Passados vinte anos, Dolors Massot tem essa conversa fresca na memória. "Foi uma das jornadas mais especiais da minha vida, não é todo dia que consegues uma entrevista exclusiva com um prêmio Nobel", resume. Lembra-se de detalhes como a marca do carro em que viajaram, a roupa que usavam e as perguntas que fez a Saramago. "Tenho noção de que fiz uma muito boa má entrevista. Não tive tempo de me preparar, havia muita confusão, fomos conversando no carro, éramos interrompidos o tempo todo. Senti-me quase uma correspondente de guerra", brinca. "Recordo que tive a impressão de que Saramago via aquilo com distância, como se visse de fora o que lhe estava acontecendo. Estava sereno e foi muito cordial comigo."

No pavilhão da Feira a informação de que o Nobel estava a ponto de regressar ao local agitou ainda mais o ambiente. Uma enorme comitiva posicionou-se em frente à porta principal, à espera da sua chegada. De repente foram distribuídos cravos e outras flores vermelhas. Houve quem defendesse que se deveria cantar "Grândola, Vila Morena" — canção símbolo da Revolução dos Cravos — quando o escritor aparecesse. O câmera de uma televisão alemã conseguiu subir num pequeno banco e posicionar-se no lugar perfeito para captar a apoteótica chegada do novo prêmio Nobel ao mais importante evento literário do mundo. Teria sido a grande imagem, mas ela não aconteceu. O tempo passava e do escritor, nada. Até que começou um bur-

burinho e, em seguida, o corre-corre. Saramago já estava novamente na Feira, havia entrado por outra porta — porque Teo Mesquita deixara o carro no estacionamento do Pavilhão — e os jornalistas não tinham percebido. Novo tumulto. Fotógrafos, jornalistas e amigos cercaram Saramago, queriam aproximar-se do escritor de qualquer maneira. "Não afoguem o Nobel, por favor", gritava alguém. O pessoal da organização da Feira e da sua editora tentava, sem sucesso, colocar alguma ordem naquela confusão. Saramago foi sentado numa cadeira, por trás de uma mesa singela, e começou a discursar: "O prêmio Nobel faz-me feliz e ao mesmo tempo sinto uma grande responsabilidade por ser o primeiro escritor em língua portuguesa a recebê-lo", disse. Alguns poucos jornalistas conseguiram escutá-lo. Sem microfone, com centenas de pessoas em redor, a improvisada entrevista coletiva correu muito mal. Assim narrou um jornalista: "Decidiu-se convocar uma conferência de imprensa no estande português. Sem sistema de som e com centenas de jornalistas do mundo inteiro armou-se o caos: portugueses, espanhóis e alemães batendo-se bravamente para ver ou escutar algo, e todos brigando com as câmeras de televisão. E como se fosse pouco, a isso somam-se os admiradores munidos de rosas vermelhas e lançando gritos de entusiasmo. Foi o caos: empurrões, socos e meias rasgadas". Saramago subiu na cadeira e pediu calma. Tentou aumentar um pouco a amplitude da voz, mas era impossível. A entrevista foi suspensa, o escritor levado para uma sala reservada, procurando os organizadores uma solução. Passados alguns minutos, decidiram organizar uma nova entrevista, dessa vez noutro local, com ajuda de um microfone e reservada a jornalistas e a alguns poucos amigos do escritor. E então, por fim, o homem mais procurado do mundo das letras naquele momento falou (e foi ouvido): "Agradeço aos meus colegas escritores portugueses que estão aqui, agradeço também àqueles que, em Portugal, neste momento estarão felizes com o fato de me ter sido atribuído o prêmio. Àqueles que se encontram aqui, consigo ver alguns, agradeço-lhes de todo o coração. Não vos direi que este prêmio é também vosso, mas a verdade é que, sem o fato de que andamos todos a escrever, andamos todos juntos a falar, andamos todos juntos a tentar dizer, no final de contas, quem somos, não estaria aqui. Sou um desses que teve a sorte, porque a sorte também pesa nestas coisas, de ter sido escolhido pela Academia Sueca".

Questionado sobre o que faria com o milhão de dólares que receberia, respondeu: "Em primeiro lugar gostaria de perguntar se tem alguma sugestão. Em segundo lugar, estamos tão habituados a que os escritores devem ser pobres, que se alguma vez lhes chega ao bolso algum dinheiro, mais do que aquele que é normal para uma vida normal, sempre lhe perguntam o que é que vai fazer com aquele dinheiro. Não creio que alguma vez tenham perguntado a um grande jogador de tênis ou de futebol o que é que vai fazer com os milhões diante dos quais o prêmio Nobel é uma insignificância. Então, a única coisa que eu lhe posso prometer é que, como eu não jogo, o dinheiro não será gasto nos casinos [...] gastá-lo-ei o melhor que possa ou o melhor que queira. Com esse dinheiro posso resolver algumas situações de pessoas que me são próximas e, portanto, a única coisa que posso dizer é que prometo fazer bom uso desse dinheiro".

No final da entrevista, confessaria que ainda não estava certo de ter tomado a melhor decisão ao permanecer mais um dia na Alemanha: "Queria estar com a minha mulher, sinceramente acho que deveria ter ido para Madri".

À noite, o escritor jantou com os seus editores internacionais. Regressou ao hotel bem tarde, cansado e ainda um pouco atordoado. Na primeira noite como Nobel dormiu três horas, não se sabe se sonhou.

*Jornais de Portugal, Espanha e México com a notícia do Nobel,
do dia 9 de outubro de 1998.*

Um dia após ser laureado com o prêmio Nobel de literatura, José Saramago aguarda no aeroporto de Frankfurt pelo avião que o levará a Madri. O escritor tem no colo um exemplar de um jornal alemão que publica, na primeira página, o seu rosto. A foto foi feita pelo jornalista e escritor Juan Cruz, então editor de José Saramago.

Saramago, primer Nobel de las Letras portuguesas

«Lo más importante del mundo

Entrevista exclusiva con ABC nada más conocer la concesión del premio

Francfort. Dolors Massot, enviada especial

Una del mediodía. José Saramago se encuentra en el aeropuerto de Francfort. Acaban de anunciar el embarque para el vuelo de Iberia con destino a Madrid. Después de veinticuatro horas en la ciudad alemana, regresa a casa, en la isla de Lanzarote, donde vive con Pilar del Río, su mujer. Ha participado en una mesa redonda sobre la pervivencia del comunismo en un escenario rimbombante, nada más y nada menos que el edificio de la Antigua Ópera –cosas de la cultura– junto con otros autores portugueses. Sus editores en portugués y español le piden que se quede en la ciudad, porque quizá en breves momentos se le conceda el Nobel.

Tanto su editor portugués, Zeferino Coelho, como el español, Juan Cruz, le animan para que se quede en Francfort porque su nombre figura en la lista de favoritos al premio Nobel de Literatura. Pero el escritor cree en muy pocas cosas y, desde luego, en su credo particular, no figura la Academia sueca.

Suena el teléfono en la sala de espera del aeropuerto. Zeferino Coelho le comunica que ha sido proclamado premio Nobel. Es mejor que se quede en Francfort, porque hay cientos de periodistas que le esperan. El escepticismo de su admirado Montaigne ha calado tan hondo en el escritor responde: «Mira, con franqueza, preferiría marcharme a Madrid. Quiero llegar a casa cuanto antes». Zeferino duda entre adoptar la voz de amigo o asumir la postura de editor. El caso es que le pide que se quede con un por favor en suave portugués. No hay entonces opción y Saramago acepta residir en este nuevo paisaje que le acaba de dibujar Estocolmo.

Plan de emergencia: improvisar

Se pone entonces en marcha el «plan de emergencia». Lo denomina así con ironía Piedade Valente, responsable del Instituto de Promoción de Portugal, que organizó la mesa redonda con Saramago. Y lo llama así no porque estuviera todo preparado, sino porque son tantos años con este hombre como finalista que nunca se ha preparado nada especial «por si llegara el momento». De modo que toca improvisar. Coelho toma una furgoneta desde la feria de Francfort y se dirige al aeropuerto con otras cinco personas, entre ellas quien esto firma y Claudio Casterán, un periodista de France Presse dispuesto a compartir plaza en el asiento de atrás. A la vuelta, ya con el Nobel sobre ruedas, la disciplina urbana de los alemanes le impediría viajar con el maletero, ya que ha cedido su sitio al escritor. A Casterán no le queda más remedio que dejarnos, aunque lo hace con la satisfacción de haber estado a unos minutos con Saramago, antes de que la soledad del aeropuerto se transforme en avalancha de periodistas y curiosos.

No ha sido fácil dar con Saramago en el aeropuerto. Después de veinte minutos largos –infinitos– mirando aquí y allá por la terminal, Coelho da con él. El flamante Nobel conversa sosegadamente con una azafata radiante de felicidad. No todos los días se puede atender a un Nobel. Y Saramago no defrauda: le ha contado que ha ganado el premio y que en cuanto llegue a su casa le enviará un par de libros dedicados. Toma la dirección en la tarjeta de embarque para un asiento que a estas horas se encuentra vacío a doce mil metros de altura.

–¿Sorprendido?
–Aturdido. Me pasan ahora muchas cosas por la cabeza. (Hay que decir que exteriormente no parece afectado por la novedad: ha

> «A mis 76 años, me encuentro muy bien de salud, sigo trabajando estupendamente y la cabeza me funciona a la perfección. No me gustaría ahora dormirme a la sombra del Nobel. Prefiero seguir ocupado en mi trabajo y mi familia»

devuelto el carro de las maletas a su sitio, se ha despedido tranquilamente de la azafata...) Ya era hora de que un escritor portugués ganara el premio Nobel de Literatura. Antes de yo hubo muchos que lo persiguieron, que tenían suficientes motivos para que se les concediera, pero no fue posible llegar a él. La verdad es que los últimos años estoy casi un siglo esperando este galardón. Suponiendo que lo he merecido, que es un suponer, antes que yo hubo muchos otros. En mi caso, he tenido la suerte de ser contemplado por la Academia.

–Después de ser candidato desde hace unos cinco o seis años, ¿ha funcionado todavía el factor sorpresa?
–Si me pregunta si ha sido una sorpresa total, no, la verdad. Hace tanto tiempo que se hablaba de eso... Partiendo de eso, cuando llega el momento anual en que va a fallarse el premio y todos los amigos comienzan a decir «venga, que este año lo vas a ganar», uno ya no podía hacerse muchas ilusiones.

–Dedicarse totalmente a la literatura a comienzos de los ochenta supuso para usted, que es un novelista tardío, un rejuvenecimiento, al que también contribuyó su matrimonio con Pilar del Río. ¿Va a suponer el Nobel una nueva etapa de regeneración?

–A mis 76 años, me encuentro muy bien de salud, sigo trabajando estupendamente y la cabeza me funciona a la perfección. No me gustaría ahora dormirme a la sombra del Nobel. Prefiero seguir ocupado en mi trabajo y mi familia.

–¿Y sus ideas?...
–Mire, la verdad es que no sé hasta qué punto es importante batallar con las propias ideas, pero lo que sí puedo decirle es que estoy convencido de que si un día me olvido de lo que pienso y me comporto de otra manera será como si hubiera muerto.

–¿Hay algunos valores que usted considere prioritarios en el mundo?
–Sólo uno, el «no».

La importancia del no

–¿Puede explicarse un poco más?
–Quiero decir que es importante decir no a todo lo que está ahí presente y habría que aceptar. Hay que decir que no a cosas insoportables como el hecho de que en el mundo existan 225 personas que acumulan la misma riqueza de que disponen otros 2.500.000.000 de personas. No lo digo para que olvidemos términos como la familia, la solidaridad o el bienestar, pero hay que estar alerta y decir no al hambre, la intolerancia, la desigualdad.

–¿Cree usted en el progreso?
–¿Qué es el progreso? ¿Se refiere a las máquinas, a los objetos, a los ordenadores? No entiendo eso del progreso si sólo se concentra en el desarrollo tecnológico.

–En el caso de algunos escritores, el Nobel supuso un cambio en su vida y en su modo de comportarse socialmente. ¿Está usted preparado para el impacto?

–En mi caso no hay riesgo de aburguesamiento, se lo puedo asegurar. Al contrario, el hecho de que me hayan dado el premio coloca sobre mis espaldas el peso de una responsabilidad mayor. Y si sirve el Nobel para que yo disponga de una voz más acreditada ante algunos foros, bienvenido sea. El Nobel

Bibliografía

Poesía
Poemas posibles (1966)
Probablemente alegría (1970)
El año de 1993 (1975)

Novela y relatos
Tierra de pecado (1947)
Manual de pintura y caligrafía (1977)
Casi un objeto (1978)
Alzado del suelo (1980)
Memorial del convento (1982)
El año de la muerte de Ricardo Reis (1984)
La balsa de piedra (1986)
Historia del cerco de Lisboa (1989)
El Evangelio según Jesucristo (1991)
Ensayo sobre la ceguera (1995)
Todos los nombres (1997)

Ensayo
De este mundo y del otro (1985)
El equipaje del viajante (1973)
Las opiniones que DL tiene (1974)
Apuntes (1976)
Viaje a Portugal (1981)

Teatro
La noche (1979)
¿Qué haré con este libro? (1980)
La segunda muerte de Francisco de Asís (1987)
In nomine Dei (1993)

Diario
Cuadernos de Lanzarote (4 volúmenes) (1994-1997)

Reprodução das páginas do diário ABC, *da Espanha, do dia 9 de outubro de 1998, com a primeira entrevista que José Saramago concedeu após o prêmio Nobel de literatura lhe ser atribuído.*

Saramago, primer Nobel de las Letras portuguesas

es saber decir no a la injusticia»

«Lo que sí puedo decirle es que estoy convencido de que si un día me olvido de lo que pienso y me comporto de otra manera será como si hubiera muerto»

acrecienta mi sentido de responsabilidad, sin duda.
—¿Quiénes son sus escritores de referencia?
—Montaigne, Cervantes, el padre Antonio Vieira, Gogol y Kafka. El padre Vieira era un jesuita del siglo XVII. Nunca se ha escrito en lengua portuguesa con tanta belleza como lo hizo él. Para hacerlo más familiar a los españoles, le diré que es nuestro Bartolomé de las Casas, defendió a los indígenas de Brasil e intervino como orador sacro a la vez que como defensor de una política justa. Debería ser conocido en todo el mundo.
—¿No incluye usted a Pessoa?
—¿Pessoa? Es otro universo. Era un poeta. He hablado de autores de ficción y de intervención cívica, que son los que más me han marcado, de modo que se los repito por orden de distancia respecto a Portugal: Gogol, Kafka, Montaigne, Cervantes y el padre Vieira.
—Advierto que es usted extremadamente ordenado.
—Ordenado hasta el punto de que no quería que se perdiera ningún nombre.
—Lo leímos en su último libro, «Todos los nombres».
(Se dirige a Zeferino, su editor)
—Quisiera estar con mi mujer lo antes posible. Por favor, eso sí que le lo pido, haz lo que sea para que mañana pueda volver a casa. Lo que se avecina es tremendo. Sinceramente, sigo pensando que debía haberme ido a Madrid.

«No puedo perder el tiempo»

—Desde que se publicó «Todos los nombres», a finales de 1997, ¿ha preparado usted alguna otra novela?
—Estoy en ello. La he preparado y a comienzos de enero me sentaré a escribirla tranquilamente y por entero. Ahora me lloverán invitaciones de todo tipo, pero no podré aceptarlo todo. Como yo digo, ya no tengo más 70 añitos, de manera que no puedo perder el tiempo. De lo que pueden estar todos seguros es de que mi vida no se modificará un ápice.
—¿Es cierto que usted no es una persona fácil de trato?
—Eso sólo lo pueden negar mis amigos de verdad. (Zeferino interviene: «La verdad es que tiene algo de esa fiera que todos le ven»). Realmente sólo yo sé hasta qué punto me equivocan. La imagen me corresponde, y quizá la culpa sea de mi cara, que tiene un tono agresivo y distante, lo reconozco. Por suerte, a mi mujer, no le parecí tan malo.
—¿La enamoró en español?
—No tuve más remedio, ella entiende el portugués leído pero no le gusta hablarlo porque dice que no lo habla a la perfección. Pero, entre

«A mi mujer la enamoré en español. No tuve más remedio, ella entiende el portugués leído pero no le gusta hablarlo porque dice que no lo habla a la perfección. Pero ha sido la traductora de mi última novela»

otras cosas, ha sido la traductora de mi última novela al español. Ya ve cómo estoy, yo que sólo había venido a Francort para una mesa redonda sobre el comunismo, aprovechando el efecto de Portugal, que el año pasado fue invitado de Honor en la Feria del Libro. El hombre pone y el Nobel dispone.

«El periodismo predica en el desierto»

—Comienzan los cambios de planes en su vida.
—No cambiará nada. En el fondo, el Nobel no añade nada a lo que he hecho hasta ahora.
—Durante un tiempo, usted estuvo inmerso en el mundo del periodismo, al frente del «Diario de Notícias». ¿Volverá ahora a escribir para los diarios?
—Lo hago en ocasiones muy esporádicas y no creo que ahora vaya a prodigarme. Si quiere que le diga la verdad, dudo de la eficacia del periodismo. En España, ustedes cuentan con cronistas maravillosos. Son gente muy buena, que mantiene cierta relación con los lectores. Y sin embargo, ya ve, luego lo que dicen no alcanza la repercusión que debería. El periodismo es como predicar en el desierto: nadie escucha.
—¿Puede adelantar algo de su próxima novela?
—Se titula «La caverna». Pero no diré nada más de ella.
Llegamos a la Feria y se produce el alboroto general. Abrazos y miles de micrófonos, cámaras y libretas. Una periodista mexicana le lanza a bocajarro:
—Usted estuvo en Chiapas recientemente..
Saramago la mira y le contesta con rapidez:
—¿Qué pretende usted? ¿Que haga un mitin político ahora? Mis ideas son conocidísimas,

nunca las he disfrazado ni las he ocultado. Mi vida es tan pública que se conoce todo cuanto he pensado sobre cada acontecimiento.
Después de una batalla campal en el «stand» de Caminho, su director, Zeferino Coelho, decide dar preferencia a los periodistas portugueses y los encierra con el flamante Nobel en un diminuto despacho. Se crea el desconcierto, pero al fin se convoca al resto del gremio a una rueda de Prensa. Cambio de planes, cambio de lugar, y al fin rueda de Prensa en un amplio vestíbulo. «Espero que el Nobel ayude a la literatura portuguesa a salir de los peligros que la acechan», dice Saramago, que más tarde se referirá a la necesidad de difundir y promover esta lengua.

«Por Portugal y España»

—Ojalá consiga con este premio contribuir a que el portugués sea tomado como lengua literaria de referencia y como vehículo de cultura», añade.
Una periodista española hace alusión a una mesa redonda sobre los «best-sellers» en la que participaba Arturo Pérez Reverte que publica con Alfaguara al igual que el Nobel. La periodista pregunta:
—Señor Saramago, ¿cómo se crea una novela de calidad?
Y responde:
—Si existiera una norma para escribirla, el mundo estaría repleto de novelas de calidad, sólo escribirían ellas. La literatura es un mundo de ideas, y esa es la materia, pero lo que de ahí va a salir nunca se sabe. En mi caso, una misma persona que la que escribió hace treinta años una novela, y sin embargo hoy no podría escribir lo mismo. Tampoco entonces podría haber escrito lo que escribo ahora. ¿Que si el futuro nos hará justicia? Pues la verdad es que no lo sé. A lo mejor el futuro nos olvida, pero mientras estemos aquí, hemos de trabajar bien. Nada más.
O algo más. Saramago brindó su premio a Portugal, su patria y a España, su Nación adoptiva, y dijo que el dinero del galardón lo invertirá en ayudar a gente necesitada.

Dolors Massot, jornalista responsável pela entrevista exclusiva mundial, considera aquela uma das "jornadas mais especiais" da sua vida.

O Nobel na Espanha

Na sexta-feira, dia 9 de outubro, acompanhado do editor e amigo Juan Cruz, José Saramago embarcou finalmente no avião com destino à Espanha. No voo que duraria cerca de duas horas e meia teve tempo para ler nos jornais as declarações de alguns colegas de ofício como Carlos Fuentes, Dario Fo, Gabriel García Márquez, Sergio Ramírez, Jorge Amado, Mario Vargas Llosa, sobre o prêmio que lhe fora concedido. Se tivesse a imprensa portuguesa à sua disposição, teria visto como a sua imagem ocupava a capa dos principais diários — um deles estampava "Finalmente Saramago!" — e lido as palavras do ensaísta e amigo Eduardo Lourenço (que abrem este livro) impressas no *Público*: "O mais alto dos prémios não pode inventar o que não existe. Dá-o a ver e proporciona-nos a alegria de nos rever nele como portugueses. Mais nada se lhe pode pedir".

À sua espera, no aeroporto, estava Pilar del Río. De lá seguiram diretamente para a sede da editora Alfaguara, onde mais de uma centena de jornalistas o aguardava para uma nova entrevista coletiva. À chegada, o escritor foi recebido com aplausos pelos trabalhadores da casa. "A notícia do Nobel a Saramago inundou o escritório de alegria. Corríamos pelo corredor dando a notícia uns aos outros e abraçando-nos. Foi uma felicidade coletiva irrepetível. Para nós, José não era só um grande escritor, mas também uma pessoa adorável e querida que, juntamente com a Pilar, formava parte das nossas vidas", conta Rosa Junquera, que na altura era a diretora de comunicação da empresa. Recorda que a partir do anúncio do prêmio trabalharam ininterruptamente para conseguir organizar a "multitudinária" coletiva de imprensa, preparar anúncios especiais para serem veiculados nos meios de comunicação, além da imediata reimpressão de livros que sairiam com uma faixa onde se leria *José Saramago — prêmio Nobel de literatura*. "Os mais próximos de Saramago estávamos com os olhos úmidos, a ponto de chorar. Lembro-me de ver muitos jornalistas emocionados e do silêncio que se fez quando José começou a falar. E no final, também ele se emocionou ao agradecer à Pilar", diz Junquera.

Apesar das poucas horas de sono e da loucura do primeiro dia como Nobel, José Saramago apresentou-se, nas palavras de um jornalista espanhol, "radiante e impecável" para fazer uma intervenção "comprometida, brilhante e coerente". Disse: "Não nasci para isto. Quero dizer, nasci numa família muito pobre, numa casa em que não havia livros. As circunstâncias econômicas não me permitiram ir à universidade e os meus primeiros livros foram comprados aos dezoito anos com dinheiro emprestado por um amigo. Nada fazia pressagiar um Nobel para mim". Perguntado sobre as suas convicções políticas afirmou, com certa ironia, que não foi preciso deixar de ser comunista para ganhar o prêmio. "Se tivesse de escolher entre o Nobel e as minhas convicções, abandonaria o Nobel", acrescentou. Foi também questionado sobre a reação do Vaticano, que no seu jornal oficial (*L'Osservatore Romano*) dissera que a distinção havia sido entregue a um "comunista recalcitrante". José Saramago respondeu: "Gostaria que o Vaticano dissesse o que é isso de ser um comunista recalcitrante. Talvez queiram dizer coerente. Ao Vaticano apenas digo que continue com as suas orações e deixe os demais. Tenho um profundo respeito pelos crentes, mas não pela instituição da Igreja". Enquanto era entrevistado na sala de imprensa improvisada, uma mesa era posta no último andar do edifício. Jesus e Isabel Polanco, e a restante direção do grupo Prisa, ofereceram o primeiro almoço de celebração do prêmio na Espanha. Entre os convidados estavam escritores espanhóis e o embaixador de Portugal.

Antes de jantarem com o amigo Álvaro Siza Vieira, o casal foi para um hotel. No caminho, Pilar del Río tentou, sem sucesso, comprar uma camisa e um par de meias para o novo Nobel de literatura. Teve azar, não conseguiu. Na manhã de sábado, com uma camisa limpa e engomada na lavanderia do hotel, Saramago chegou ao Círculo de Bellas Artes com a elegância habitual para ser entrevistado pela rádio Cadena Ser. Pela primeira vez falou sobre o discurso que faria em Estocolmo em dezembro: "Será uma intervenção política".

No domingo, por fim, o escritor chegava a sua casa em Lanzarote. Foi recebido no aeroporto por dezenas de jornalistas, mas pediu que as perguntas fossem guardadas para o encontro marcado para o dia seguinte. Sem as palavras do Nobel, os jornalistas tentaram entrevistar alguns familiares do laureado. Javier Fígares, casado com uma das irmãs de Pilar e principal responsável por Saramago ter conhecido Lanzarote, demonstrou o seu senso de humor ao dizer a um repórter: "Estamos muito contentes já que é o primeiro Nobel da família". Fernando Gómez Aguilera, diretor da Fundação César Manrique, foi um dos amigos que receberam o casal no regresso à ilha. "Pilar e José entraram em casa com dois ramos de flores, cansados, queridos, felizes e conscientes do turbilhão que os esperava. Pepe, Greta e Camões saíram para recebê-los. Era o anúncio de uma breve trégua em casa, de dois dias, antes de viajarem para Portugal", recorda.

Na segunda-feira pela manhã, na Fundação César Manrique, José Saramago recebeu os veículos de comunicação. "Não creio que o Nobel venha a significar uma fratura na minha produção literária, mas a vida, sim, complica-se um pouco. [...] Se alguém pensa que o Nobel pode mudar a minha vida, a minha forma de ser ou a minha personalidade, posso dizer que não. A responsabilidade que o Nobel acarreta dá-me a oportunidade de ser mais eu", afirma diante de dezenas de jornalistas. Sobre o prêmio, disse alegrar-se com o fato de ter sido recebido como "patrimônio hispano-americano", por se sentir mais próximo "da gente de Chiapas ou do Brasil do que da de Paris". Patrono de Honra da Fundação onde o encontro acontecia, José Saramago justificou a realização de mais uma coletiva de imprensa — a terceira em cinco dias — pela "rede de respeito e afeto" que encontrara na ilha canária desde que lá chegara para viver, cinco anos antes. Lanzarote, diria naquele dia, era a sua jangada de pedra. "Embora hoje não traga um livro para apresentar, é como se hoje eu apresentasse aqui todos os meus livros."

Na tarde dessa segunda-feira o escritor recebeu em casa a reportagem do *Diário de Notícias* e deu a primeira entrevista exclusiva a um jornal português. A maneira tão calorosa como a notícia fora acolhida na Espanha provocou surpresa e alguns ciúmes em Portugal, como se o seu Nobel tivesse sido roubado pelos vizinhos. O escritor tranquilizou os seus compatriotas: "Os espanhóis não querem apropriar-se de mim. Sou de onde nasci, sou da terra que me criou, sou da língua que falo".

À noite, o escritor e a esposa ofereceram um jantar para dezenas de amigos num restaurante que costumavam frequentar em Lanzarote. Gómez Aguilera leu aos presentes um texto seu que seria publicado num jornal das Canárias: "Enquanto avança pelo corredor [do aeroporto de Frankfurt], cego aos sons do mundo, ensimesmado na deriva da sua memória, não repara no eco das palavras simples da avó Josefa em Azinhaga, das quais, por outra parte, nunca se desprendeu, e que agora já podem ser escutadas ao longe, vindas do Sul, nos lábios dos seus, de amigos e leitores: 'Cedo ou tarde a verdade vem à tona'. Inclusive em Estocolmo, José".

José Saramago com a equipe da Editora Alfaguara, em Madri, um dias após ser proclamado prêmio Nobel.

José Saramago é recebido por familiares e amigos ao desembarcar em Lanzarote três dias após ser distinguido com o prêmio Nobel de literatura.

A recepção em Portugal

Na terça-feira, 13 de outubro, por volta das cinco da tarde, aterrissava no aeroporto de Lisboa o avião fretado pelo governo português. O então ministro da Cultura, Manuel Maria Carrilho, fora até Lanzarote buscar o prêmio Nobel de literatura. Recebido pelo primeiro-ministro, António Guterres, e pelo presidente da Câmara Municipal de Lisboa, João Soares, na chegada José Saramago distribui abraços e beijos a conhecidos e familiares (a filha, Violante, e a neta, Ana, vieram da Madeira para partilhar da alegria). Na sala VIP do aeroporto um púlpito e vários microfones esperam-no, e as primeiras perguntas são sobre a possibilidade de voltar a viver no país. "Não estou a regressar, eu nunca saí de Portugal. [...] Pertencemos àquilo que nos fez, à cultura que temos. Esquecer-me de Portugal seria esquecer-me do próprio sangue e sem ele não podemos viver."

Finda a entrevista, o escritor é levado num carro oficial à Praça do Município. No caminho vê, pela janela, os cartazes espalhados pela cidade onde se lê, em azul: "Parabéns, José Saramago". Dentro do edifício da Câmara Municipal a confusão é enorme. Um batalhão aguarda, no salão nobre, pela sua chegada. Marcam presença amigos da literatura, da música, do teatro e também do Partido. O cronista de um semanário lisboeta descreveu assim o momento: "É como uma carruagem de metrô em hora de ponta, mas entre os populares veem-se Duarte Lima, Manuel Alegre, Lídia Jorge, Demétrio Alves, Júlio Pomar... Todos democraticamente esmagados uns contra os outros, todos com os rostos cobertos de suor, tal é o calor que lá faz dentro". Fora, na praça, algumas centenas de pessoas aguardam, com flores e livros na mão, para ver o herói nacional. A banda filarmônica dá o tom de festa. À entrada, José Saramago aproxima-se da multidão, acena, é beijado e abraçado. Levado para dentro do edifício, recebe das mãos do presidente da Câmara as chaves da cidade e discursa brevemente. Caixas de som colocadas na praça transmitiam o que acontecia lá dentro. Ao terminar a sua intervenção, Saramago desloca-se à varanda e arremessa cravos. No Livro de Honra da Cidade o homenageado do dia deixará gravado: "Obrigado, Lisboa. Nem tu sabes o que me deste hoje".

Já de noite, no Arquivo da Câmara Municipal, novas declarações à imprensa. Volta a dizer que não sente que tenha abandonado Portugal. "O que me apetece dizer em primeiro lugar é o seguinte: não se espere de mim o discurso de um emigrante que regressa à pátria", arrancou. Quando lhe perguntam pelo motivo da demora em chegar ao país, diz que não poderia vir de Frankfurt diretamente a Lisboa porque precisava passar em casa. "Há uma questão que é importantíssima, que é a questão das camisas. E a questão das peúgas [meias], importantíssima. Eu não podia ir de Frankfurt diretamente para Lisboa porque tinha de ir a Lanzarote buscar a mala, e com a mala a minha mulher, que tinha ficado lá", brincou, e um pouco mais a sério acrescentou que, por viver em Lanzarote, não se sentia fora da sua terra: "Oxalá os escritores espanhóis possam vir a ser no futuro próximo, ou amanhã mesmo, tão bem acolhidos, tão bem recebidos e tão bem lidos aqui como eu sou lá".

A manhã da quarta-feira foi reservada para uma reunião privada, seguida de um almoço, com o presidente Jorge Sampaio. À tarde, o presidente anuncia que solicitará excepcionalmente a entrega a José Saramago do Grande Colar da Ordem de Sant'Iago da Espada, a mais importante condecoração portuguesa e só reservada a chefes de Estado. O escritor visita a redação do *Diário de Notícias* e, convidado a escrever algo nos computadores do jornal (que não existiam na sua época), deixa a seguinte mensagem: "Procurem a verdade, eu também a procurava". Em seguida faz uma visita à sede do Partido Comunista e vai à Praça do Comércio apoiar uma vigília convocada pela Confederação Geral dos Trabalhadores Portugueses — CGTP — contra a revisão da legislação laboral. No local, alerta para os perigos da globalização econômica, uma "ameaça que pesa sobre todos os povos da Europa". E reforça: "Temos de olhar pela janela e ver a tempestade que vem por aí".

O dia ainda não acabou e reserva a Saramago um dos momentos mais emotivos da sua vida. No Centro Cultural de Belém milhares de pessoas aguardam-no para uma homenagem organizada por esta entidade e pela Biblioteca Nacional de Portugal. Uma multidão faz fila para entrar no Grande Auditório. Mesmo com a sala superlotada, centenas de pessoas ficaram de fora. Depois da leitura de fragmentos da obra do autor, acompanhado pelo primeiro-ministro, pelo ministro da Cultura e pelo diretor da Biblioteca Nacional, Carlos Reis, o escritor sobe ao palco. Durante quase dez minutos José Saramago é aplaudido pelo público. Não o deixam (e ele provavelmente nem conseguiria) pronunciar nenhuma palavra. Cruza as mãos sobre o peito, inclina a cabeça, em gesto de agradecimento, reiteradas vezes, sem conseguir silenciar a plateia. Sobre aquele momento, um ano depois, numa entrevista, recordaria: "A emoção foi tão forte, tão forte, tão fora de qualquer expectativa, que senti quase pânico. Não sabia, de todo, o que havia de dizer".

Carlos Reis revelaria, muitos anos depois, que ele também sentiu pânico. Ao chegar ao local descobriu um problema nas palavras escolhidas para decorar o cenário. A frase havia sido gravada como fora ditada por telefone, literalmente, reticências incluídas. "Dificílimo ato é o de escrever, responsabilidade das maiores *reticências.*" Felizmente, houve tempo para se consertar o erro e nas fotos do dia o que se lê ao fundo, atrás de Saramago, é: "Dificílimo ato o de escrever, responsabilidade das maiores...".

Na quinta-feira, uma semana depois de ter sido declarado prêmio Nobel de Literatura, Saramago assistiu à inauguração de uma exposição bibliográfica sobre a sua obra na Biblioteca Nacional. Os jornais do dia publicavam a notícia de que, numa semana, 300 mil livros do autor tinham sido impressos no país para dar conta da procura gerada pelo prêmio. À noite, viajou para o Porto.

No dia 16, sexta-feira, o autor de *Viagem a Portugal* participou do Encontro de Literaturas Ibero-Americanas, na Fundação Engenheiro António de Almeida — compromisso que havia assumido muito antes de ver a sua vida virada de pernas para o ar. O tema da mesa era: Viagem Real — Viagem Virtual. "As novas tecnologias acabam por fazer com que as pessoas fiquem longe do mundo e dos seus semelhantes", diz. Pela tarde, novamente com direito a flores, música e uma multidão carregada de livros, o escritor é recebido na Câmara Municipal do Porto, onde lhe é entregue a Medalha Municipal de Mérito. É possível que de todas as palavras que José Saramago escutou naqueles dias posteriores ao Nobel as mais belas e certeiras tenham sido as de Eduardo Prado Coelho nessa sessão solene. O ensaísta português, falecido em 2007, fez naquele dia um extenso e emotivo elogio que começava assim:

"Há instantes que cortam como diamantes. E nós ficamos atônitos a tentar repetir o momento do corte — incapazes de compreender como era antes agora que passamos para o lado do depois. Desde há uma semana que recordo o grito e o gesto da vitória de Francisco José Viegas, a meu lado, no estande português de Frankfurt, quando, de telemóvel na mão, comunicava com uma rádio de Lisboa. E logo a seguir o eco de aplausos e vozes de festa que nos chegavam doutro ponto da Feira. [...] Recordo de novo o instante mágico de Frankfurt: o que dele é antes e o que dele foi depois. O antes desapareceu devorado pelo depois, como se desde sempre Saramago tivesse sido o prêmio Nobel que hoje é. Como se a justiça tivesse começado no princípio do mundo — ela, a justiça futura."

E continuou, Prado Coelho, contando que ao regressar de Frankfurt a Portugal sentiu que a literatura, mais do que tendo saído à rua, havia "subido à rua":

"É possível, como se viu nesta semana, que um país se levante em alegria porque alguém ganhou um prêmio de literatura. É possível que um escritor invente uma energia nova para a palavra 'levantar'. E é possível que durante alguns dias a literatura tenha, como disse, subido à rua. Mas Saramago deu-nos a explicação: há momentos em que tudo parece possível, este é um desses."

No dia 17 de outubro, em Matosinhos, José Saramago encontrou-se com Fidel Castro, que estava em Portugal para a VIII Cimeira Ibero-Americana. No Centro de Desportos e Congressos, o escritor escutou no palco, de pé, o discurso de duas horas e meia do comandante cubano. "O prêmio Nobel de literatura de 1998 está com a Revolução Cubana", disse o escritor ao microfone, para ser aplaudido pelos cerca de 7 mil presentes.

Ainda antes de viajar para Estocolmo, em dezembro, Saramago percorreu boa parte do seu país e passou alguns dias em Paris para participar de atividades da Fundação Calouste Gulbenkian. Na noite do dia 2 de dezembro deu uma entrevista à televisão pública portuguesa, num dos programas de maior audiência do país, e disse que o Nobel era um pouco parecido com um concurso de beleza. "Enquanto não vem a miss seguinte, a miss que foi eleita vai ter um ano complicadíssimo." Afirmou também que, embora já refeito da "pancada" que recebera no dia 8 de outubro, tinha ainda a impressão de não ter sido capaz de assimilar completamente a notícia. "Algumas vezes estou a pensar noutra coisa e passa-me na cabeça isso de que sou prêmio Nobel de literatura e, mesmo agora, há uma espécie de pequeno movimento de surpresa como se eu estivesse a perguntar a mim mesmo: como é que isso aconteceu?"

No dia 3 de dezembro recebe o Grande Colar da Ordem de Sant'Iago, no Palácio de Belém, das mãos do presidente Jorge Sampaio. A 5 de dezembro, acompanhado de Pilar, viaja para a Suécia.

José Saramago no edifício da Câmara Municipal de Lisboa.

NEM D. SEBASTIÃO NEM EXILA[DO]

«Não sou [o] que volta

TEXTO DE **HELENA DA SILVA** . FOTOS DE **ANTÓNIO FAZENDEIRO**

Ao quinto dia depois do Nobel, José Saramago veio a L[is]boa com uma preocupação: a de desdramatizar o tem[po] que levou a regressar a Portugal. As suas primeiras palavr[as] foram para negar a condição de emigrante. «Eu nunca saí [de] Portugal», repetiu, numa tarde em que «obrigado» e «pa[ra]béns» foram as saudações mais ouvidas. Guterres recebe[u-o] com um «bem-vindo» e um «bem-haja». E um grande abra[ço].

«O que me apetece dizer é que não se espere de mim o discurso do emigrante que regressa à pátria.» José Saramago começou, assim, na conferência de imprensa que se seguiu à recepção popular na Câmara Municipal de Lisboa, por negar o que considerou ser uma ideia alimentada «certamente não com boas intenções»: a de que ele teria virado as costas a Portugal.

O escritor não duvida de que toda a gente conhece os motivos por que foi viver para Lanzarote. «Um certo Governo comportou-

> «Tentaram fazer de mim uma espécie de Salman Rushdie do Ocidente»

OLÍTICO

emigrante
pátria»

, segundo ele, também é pre-
o ter para se conquistar um
bel: «Se Aquilino Ribeiro fos-
vivo, hoje quem ganharia o
·mio era ele e não eu.» Por
, assegurou que o prémio
o o vai mudar em nada e que
ue era até há cinco dias é o
· vai continuar a ser até ao
· da vida. Foi antes de se diri-
 à varanda para saudar o po-
ao ritmo de «Cheira Bem,
eira a Lisboa».

) Salão Nobre dos Passos do
ncelho estava apinhado de
sonalidades que não pode-
m, de forma alguma, ter falta-
 à chamada. Aí se concentra-
uma legião de camaradas do
menageado – Carlos Carva-
s, João Amaral, José Casano-
Maria Emília de Sousa, a
sidente da Câmara Munici-
de Almada, Rui Godinho,
nuel Carvalho da Silva –, co-
as da escrita e de outras ar-

Todos eles ouviram José Saramago pedir que não lhe fizessem duas perguntas: como se ganha um Nobel, uma; e o que vai fazer com o cheque do prémio, a outra. E escutaram uma quase dissertação de autor sobre os maus-tratos de que vem sendo vítima a língua portuguesa e o que o Prémio Nobel poderá ou não fazer para a defender. «O Prémio não acrescenta qualidade à obra feita. Durante um tempo, fala-se no autor que o ganhou, mas também no país. A notícia do Prémio Nobel é uma notícia universal; serve para atrair as atenções do mundo para este lado da Europa que é Portugal. Então, devemos fazer tudo para que deste prémio saiam resultados. O mundo tem os olhos postos em nós para fazer valer lá fora uma língua que é a nossa», foram algumas das considerações tecidas por José

"Nem d. Sebastião nem exilado político", destacava o jornal A Capital do dia 14 de outubro de 1998, na sua cobertura sobre a chegada de José Saramago a Portugal após lhe ser concedido o prêmio Nobel.

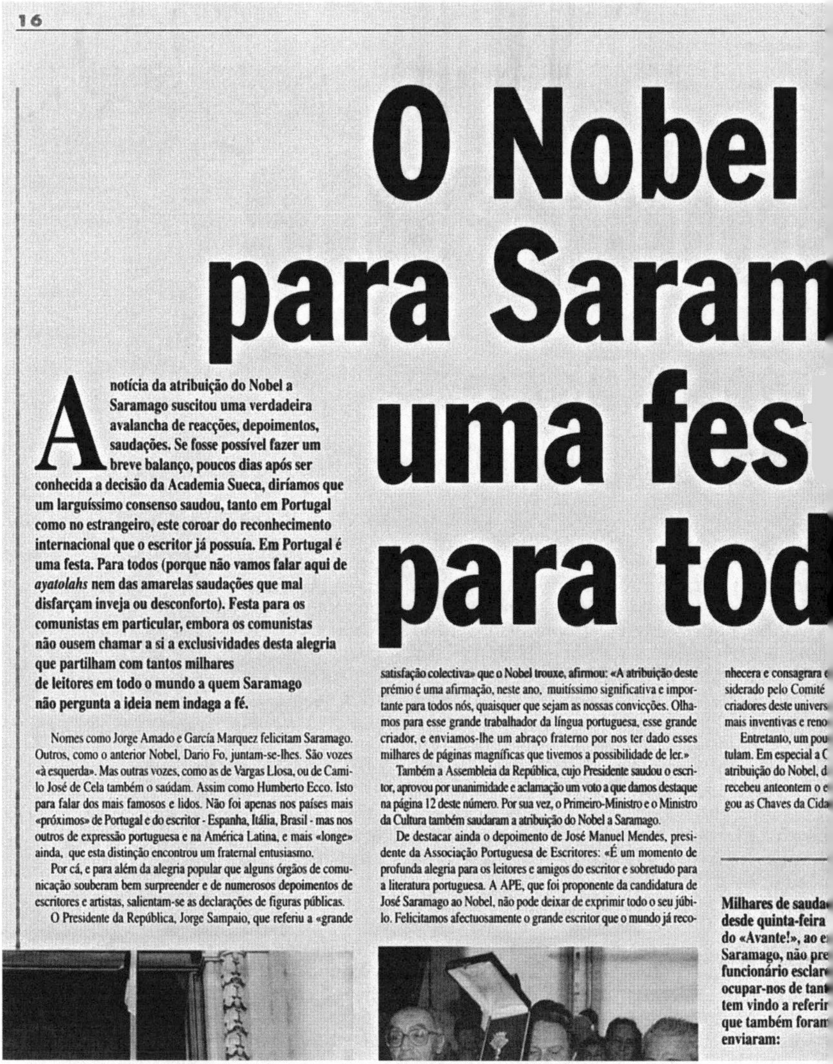

O Nobel para Saramago uma festa para todos

A notícia da atribuição do Nobel a Saramago suscitou uma verdadeira avalancha de reacções, depoimentos, saudações. Se fosse possível fazer um breve balanço, poucos dias após ser conhecida a decisão da Academia Sueca, diríamos que um larguíssimo consenso saudou, tanto em Portugal como no estrangeiro, este coroar do reconhecimento internacional que o escritor já possuía. Em Portugal é uma festa. Para todos (porque não vamos falar aqui de *ayatolahs* nem das amarelas saudações que mal disfarçam inveja ou desconforto). Festa para os comunistas em particular, embora os comunistas não ousem chamar a si a exclusividades desta alegria que partilham com tantos milhares de leitores em todo o mundo a quem Saramago não pergunta a ideia nem indaga a fé.

Nomes como Jorge Amado e García Marquez felicitam Saramago. Outros, como o anterior Nobel, Dario Fo, juntam-se-lhes. São vozes «à esquerda». Mas outras vozes, como as de Vargas Llosa, ou de Camilo José de Cela também o saúdam. Assim como Humberto Ecco. Isto para falar dos mais famosos e lidos. Não foi apenas nos países mais «próximos» de Portugal e do escritor - Espanha, Itália, Brasil - mas nos outros de expressão portuguesa e na América Latina, e mais «longe» ainda, que esta distinção encontrou um fraternal entusiasmo.

Por cá, e para além da alegria popular que alguns órgãos de comunicação souberam bem surpreender e de numerosos depoimentos de escritores e artistas, salientam-se as declarações de figuras públicas.

O Presidente da República, Jorge Sampaio, que referiu a «grande satisfação colectiva» que o Nobel trouxe, afirmou: «A atribuição deste prémio é uma afirmação, neste ano, muitíssimo significativa e importante para todos nós, quaisquer que sejam as nossas convicções. Olhamos para esse grande trabalhador da língua portuguesa, esse grande criador, e enviamos-lhe um abraço fraterno por nos ter dado esses milhares de páginas magníficas que tivemos a possibilidade de ler.»

Também a Assembleia da República, cujo Presidente saudou o escritor, aprovou por unanimidade e aclamação um voto a que damos destaque na página 12 deste número. Por sua vez, o Primeiro-Ministro e o Ministro da Cultura também saudaram a atribuição do Nobel a Saramago.

De destacar ainda o depoimento de José Manuel Mendes, presidente da Associação Portuguesa de Escritores: «É um momento de profunda alegria para os leitores e amigos do escritor e sobretudo para a literatura portuguesa. A APE, que foi proponente da candidatura de José Saramago ao Nobel, não pode deixar de exprimir todo o seu júbilo. Felicitamos afectuosamente o grande escritor que o mundo já reconhecera e consagrara e[...] siderado pelo Comité [...] criadores deste univers[...] mais inventivas e reno[...]

Entretanto, um pou[...] tulam. Em especial a C[...] atribuição do Nobel, d[...] recebeu anteontem o e[...] gou as Chaves da Cida[...]

Milhares de sauda[...] desde quinta-feira [...] do «Avante!», ao e[...] Saramago, não pre[...] funcionário esclare[...] ocupar-nos de tant[...] tem vindo a referir [...] que também foram [...] enviaram:

"Uma festa para todos", anunciava o jornal Avante!, do Partido Comunista Português, sobre as homenagens feitas a José Saramago pelo prêmio conquistado.

FOCO

Fotografia inédita de EDUARDO GAGEIRO

udações comunistas

utores que foi con-
são significativos
nas suas dimensões

arquias se congra-
drugada seguinte à
em toda a cidade e
ho, onde lhe entre-

a Lanzarote,
que a redacção
telegrama a
eço. O
or. Não vamos
cação social
as daquelas,
istas lhe

da à defesa da liberdade, da democracia, das grandes causas sociais e políticas dos trabalhadores na luta pela sua emancipação.

«A atribuição, hoje, do Prémio Nobel da Literatura a José Saramago, para além de justamente consagrar um grande escritor e a sua obra, constitui igualmente um grande contributo para uma maior afirmação da literatura de língua portuguesa no mundo e para o reconhecimento do português como língua de referência importante na cultura mundial.

«É com enorme alegria que o PCP, os comunistas, os trabalhadores, os intelectuais, os portugueses vivem este momento.»

Álvaro Cunhal

trabalho que admiramos junta-se a satisfação de te saber entre nós, nos ideais, na fraternidade que a tua escrita transparece. E também o orgulho de ver assim distinguida uma voz em Português, a língua em que crescemos, comunicamos e partilhamos com outros, no mundo.

«Por tudo isto estamos contigo, em festa.»

Direcção do Sector Intelectual da ORL

«A Direcção do Sector Intelectual de Lisboa envia-te o mais caloroso e orgulhoso dos abraços, em nome do colectivo a que pertences.

«O reconhecimento universal, hoje confirmado com a atribuição

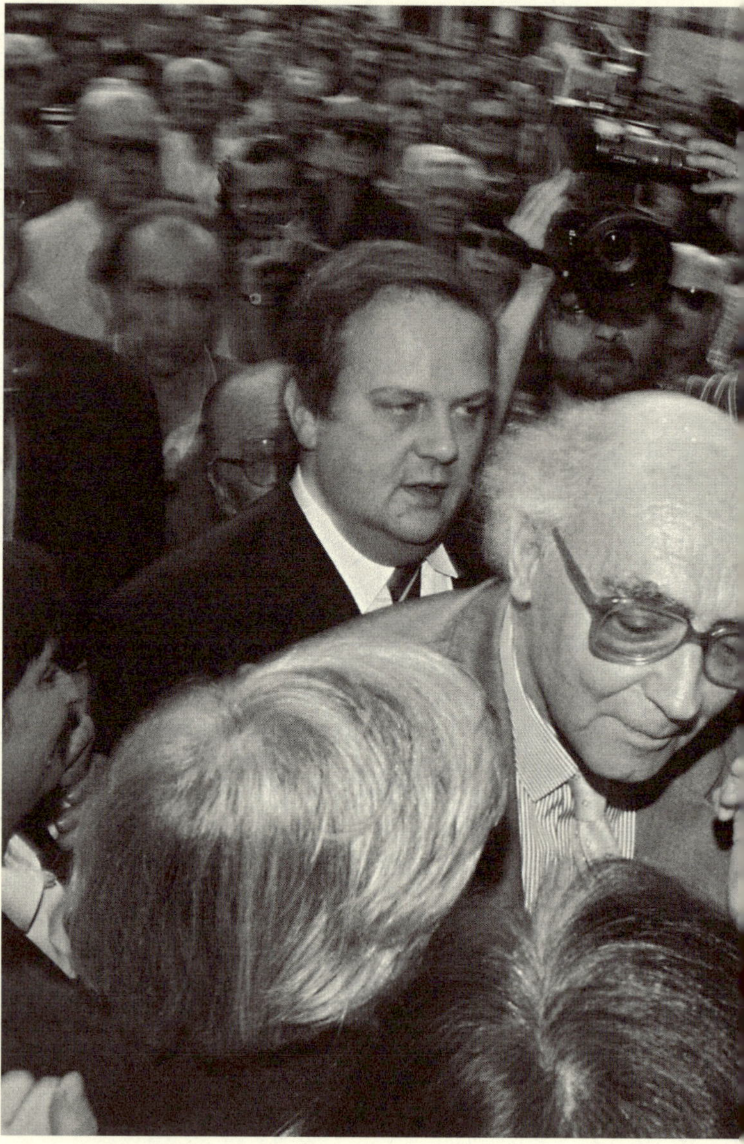

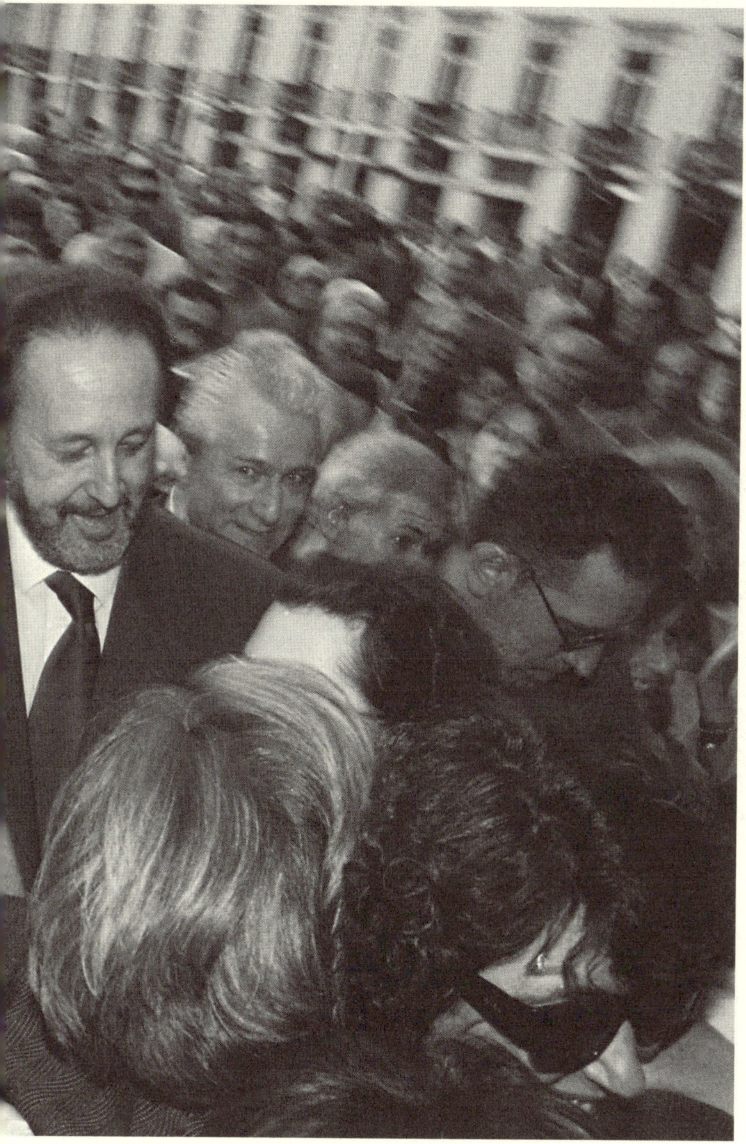

José Saramago com as chaves de Lisboa e assinando o livro de honra da cidade.

"É como uma carruagem de metrô em hora de ponta, mas entre os populares veem-se Duarte Lima, Manuel Alegre, Lídia Jorge, Demétrio Alves, Júlio Pomar...", escreveu o cronista de um semanário lisboeta sobre a confusão que se viveu no edifício da Câmara Municipal de Lisboa para ver e ouvir José Saramago.

A consagração em Estocolmo

"Ai se a minha avó Josefa me visse nesta figura", diz José Saramago no átrio do Grand Hôtel de Estocolmo. Está a minutos de receber, aos 76 anos, a medalha e o diploma do prêmio Nobel de literatura. Impecável no seu fraque, gravata-borboleta e insígnia da Ordem de Sant'Iago da Espada ao peito, o escritor mantém a convicção de que não nasceu para aquilo. Cresceu numa família de camponeses analfabetos, teve de abandonar os estudos ainda na adolescência e só pôde comprar um livro quando já era maior de idade. Fatos que tornariam improvável que alcançasse o olimpo da literatura.

Mas o improvável às vezes acontece. José Saramago não só estava na Suécia para receber o máximo galardão das letras universais como levava consigo algumas das figuras — reais e inventadas — que o acompanharam durante a vida. E apresentou-as, uma a uma, aos membros da Academia Sueca, na segunda-feira, dia 7 de dezembro de 1998. "O homem mais sábio que conheci em toda a minha vida não sabia ler nem escrever", arrancou, em português, o escritor no seu discurso do Nobel. Falava do avô Jerónimo, aquele que ao intuir a chegada da morte foi ao quintal abraçar as árvores para delas se despedir. Depois citou a avó

Josefa, uma senhora capaz de ler o mundo com uma assombrosa profundidade mesmo nunca tendo frequentado uma escola; e um soldado maneta, uma mulher que recolhe vontades e outra que, vivendo num mundo de cegos, vê. E também um banal senhor que se apaixona por um nome e faz dessa procura a sua razão de viver. E outras personagens que, saídas dos seus livros, são tão reais como a água que tinha diante de si ao discursar para o ajudar a recompor a voz, carregada de emoção, enquanto lia as doze páginas que preparara para aquele momento. Sentados, os dezoito membros da Academia, e centenas de convidados, seguiam, de tradução na mão, o autor naquela viagem interior. Em quarenta minutos saberiam de que material era feito aquele homem de origem humilde, agora Nobel de literatura, e as personagens que justificavam a distinção recebida.

"Em certo sentido poder-se-á mesmo dizer que, letra a letra, palavra a palavra, página a página, livro a livro, tenho vindo, sucessivamente, a implantar no homem que fui as personagens que criei. Creio que, sem elas, não seria a pessoa que hoje sou, sem elas talvez a minha vida não tivesse logrado ser mais do que um esboço impreciso, uma promessa como tantas outras que de promessa não conseguiram passar, a existência de alguém que talvez pudesse ter sido e afinal não tinha chegado a ser."

Terminada a sua intervenção, José Saramago foi aplaudido de pé por uma emocionada plateia. E, num gesto pouco habitual, o secretário-geral da Real Academia Sueca, Sture Allén, entre os aplausos, gritou: "Viva a literatura! Viva Saramago".

O "novo herói de Portugal", como intitulou um jornal local, chegara a Estocolmo no sábado, dia 5, para cumprir uma agenda cheia de compromissos: recepções, homenagens, encontros com leitores e a imprensa, almoços, jantares, banquetes e coquetéis, palestras e, obviamente, a entrega do prêmio. Além da neve e da inseparável companheira, José Saramago estava cercado por amigos, familiares, jornalistas e representantes políticos.

No domingo conversa com vários jornalistas, portugueses e estrangeiros, enquanto passeia pela cidade pintada de branco pelo frio. De noite janta na casa do embaixador português, Paulo Castilho, que lhe faz uma surpresa: entrega-lhe um dossiê com cerca de trezentos artigos publicados na imprensa sueca sobre o Nobel português. A segunda-feira esteve dedicada ao emotivo discurso na Academia Sueca. Antes das dez da manhã de terça-feira, José Saramago já está de terno e gravata, rodeado por uma centena de pessoas, prestes a ler excertos da sua obra numa livraria de Estocolmo. Em seguida visita uma exposição em sua homenagem, no piso inferior do espaço, organizada pela Embaixada de Portugal na Suécia, e participa do lançamento da edição da revista *Camões* dedicada exclusivamente ao Nobel. À tarde, no Grand Hôtel de Estocolmo, assiste à inauguração de outra exposição em sua homenagem, esta patrocinada pelo ICEP — Instituto do Comércio Externo de Portugal. As imagens do fotógrafo João Francisco Vilhena com José Saramago caminhando por entre os vulcões de Lanzarote e a música de Scarlatti interpretada por Ana Mafalda Castro deixam o escritor visivelmente emocionado. "Aquilo que para mim é o mais importante de tudo é que aqui esteve a nossa terra, aqui esteve o nosso paisinho, aquele retangulozito quase perdido lá na ponta da Europa, está aqui", diz a uma jornalista. No final da tarde, Pilar deposita cravos vermelhos num monumento em memória dos voluntários suecos mortos na Guerra Civil Espanhola.

No dia seguinte, véspera da cerimônia de entrega do Nobel, o escritor caminhou por Estocolmo e protegeu-se da neve com um típico capote alentejano, presente que ganhara umas semanas antes em Évora e que prometeu usar quando fosse a Estocolmo. Na companhia do presidente Jorge Sampaio, participa de uma recepção à comunidade portuguesa na Suécia. "Estamos, de fato, mais altos", diz o chefe de Estado, numa alusão à frase dita por José Saramago uns dias antes. Amadeu Batel, sem revelar o seu papel no segredo do Nobel, apanha as palavras do presidente e diz que os portugueses que lá vivem cresceram meio metro com o triunfo. "O Nobel fez os suecos repararem em nós", diz o professor universitário e porta-voz dos emigrantes. Ainda na quarta-feira José Saramago lê, em português, na biblioteca do Parlamento sueco, para quase trezentos deputados e funcionários, uma página do seu romance *Todos os nomes*. Em seguida ouve, em sueco, a tradução do texto.

É chegado o grande dia: 10 de dezembro de 1998. Pela manhã o escritor participa, juntamente com os outros premiados, do ensaio geral da cerimônia. O andamento da sessão e todos os passos de cada laureado são milimetricamente programados. É preciso que cada um saiba com exatidão o que deve fazer. "Quando o rei se levanta, ninguém fica sentado", aprendem. A um jornalista, José Saramago confessa-se "um bocado atordoado" com todo o rito e grandeza da celebração que viverá. "Surpreende-me que seja eu o cerne de todos estes acontecimentos e questiono-me: será caso para tanto? Tenho-me interrogado muito se tudo isto se justifica."

À tarde, agora vestido de gala — o que diria a avó Josefa? —, José Saramago e os demais laureados estão prontos para a entrega dos prêmios no Konserthuset. A cerimônia tem início pontualmente às quatro e meia da tarde. Pela ordem de idade, do mais velho para o mais novo, o escritor é o quarto (dos cinco) galardoados a receber das mãos do rei da Suécia, Carlos Gustavo XVI, a medalha e o diploma. Uma vênia ao rei, em seguida aos membros da academia, e depois aos demais convidados. E um leve gesto em direção à companheira Pilar del Río. Enquanto recebia a distinção, a Real Orquestra Filarmônica de Estocolmo executava *L'Arlesienne Suite n. 2: Farandole*, de Bizet.

Quem gostaria de ter a seu lado naquele momento, perguntou-lhe um repórter logo após a cerimônia. "Os levantados do chão, aqueles que ficaram lá atrás na história, os meus velhos avós, os meus pais, toda essa gente. Se eles vivessem muito mais, contaria com a alegria de todos eles e de toda essa gente que inventei, a Blimunda, o Baltazar, o Raimundo Silva, o sr. José, o Luís Vaz de Camões, o Ricardo Reis...", respondeu o escritor.

No banquete de honra, oferecido pelos reis e realizado na Câmara Municipal de Estocolmo, Saramago senta-se à mesa dos anfitriões ao lado da rainha Sílvia, criada no Brasil, e da presidenta do Parlamento sueco, Birgitta Dahl, também fluente em português. Tudo no jantar é grandioso: quinhentas tochas para guiar os 1800 convidados, pétalas de rosa rubra vindas de San Remo, 10 mil cravos, 190 garçons, bandejas iluminadas e um vinho do Porto com trinta anos. Mas nada disso distraiu o olhar do autor de *Levantado do chão*, que resolveu usar os dois minutos a que tinha direito para, mais do que propor um brinde, denunciar. Recordou que naquele exato dia a Declaração Universal dos Direitos Humanos completava meio século de existência, não parecendo que "os governos tenham feito, pelos direitos humanos, tudo aquilo a que moralmente estavam obrigados". Apontou o dedo a uma "esquizofrênica humanidade" que é capaz de enviar um robô a Marte, mas que "assiste indiferente à morte do seu semelhante", e incitou os cidadãos a "tomarem a palavra e a iniciativa" para mudar o rumo do planeta. "Com a mesma veemência e a mesma força com que reivindicarmos os nossos direitos, reivindiquemos também o dever dos nossos deveres. Talvez o mundo possa começar a tornar-se um pouco melhor." No final do seu discurso, Saramago não se esqueceria de agradecer à Academia Sueca, aos seus editores, tradutores e leitores. "E agora quero também agradecer aos escritores portugueses e de língua portuguesa, aos do passado e aos de agora: é por eles que as nossas literaturas existem, eu sou apenas mais um que a eles se veio juntar." Quando regressou à mesa, a Rainha Sílvia disse-lhe: "Alguém tinha de o dizer. Obrigada".

No dia 11 de dezembro, no Palácio Real, teve lugar o jantar que os reis ofereceram aos premiados. Pilar usava um vestido vermelho com uma frase, retirada de *O Evangelho segundo Jesus Cristo*, escrita à mão por José Saramago e depois bordada no tecido. Dizia: "Olharei a tua sombra se não quiseres que te olhe a ti, Quero estar onde a minha sombra estiver, se lá é que estiverem os teus olhos". Anos depois, num encontro com a rainha sueca que lhe perguntava pelo vestido, Pilar responderia:

"Ainda o tenho. Uma amiga que é violoncelista usa-o em concertos importantes". Em junho de 2010, no funeral laico de José Saramago na Câmara Municipal de Lisboa, Irene Lima, a amiga, voltaria a vesti-lo.

No dia 12 de dezembro, na despedida de Estocolmo, José Saramago e Pilar del Río convidam o embaixador Paulo Castilho e a esposa para jantarem num restaurante tradicional localizado na cidade velha. Os comensais, ao perceberem quem entra na sala, colocam-se de pé e aplaudem demoradamente o prêmio Nobel de literatura.

De volta a Portugal e antes de regressar a casa, em Lanzarote, José Saramago doa o diploma do Nobel à Biblioteca Nacional de Portugal. A medalha está exposta na Fundação José Saramago, em Lisboa, acompanhada do discurso do dia 10 de dezembro.

A capa do jornal sueco Svenska Dagbladet que escolheu como imagem da cerimônia do Nobel uma foto de Pilar del Río e do seu esvoaçante vestido. Vê-se José Saramago ao fundo da foto.

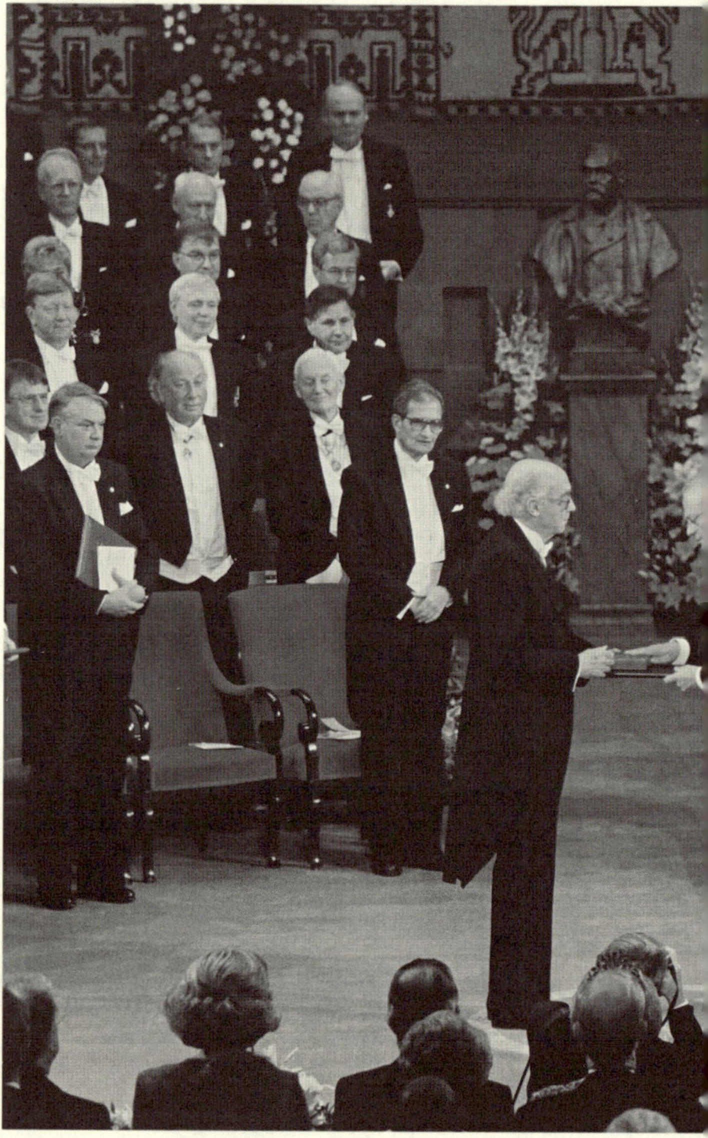

José Saramago recebe das mãos do rei da Suécia, Carlos Gustavo XVI, a medalha e o diploma do prêmio Nobel de literatura durante a cerimônia realizada no Konserthuset no dia 10 de dezembro de 1998.

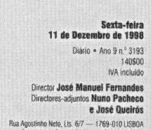

A capa do Público *de 11 de dezembro de 1998.*

A capa do JL dedicado ao prêmio Nobel de José Saramago.

Amadeu Batel, o homem que guardou o segredo do Nobel por seis dias, durante o banquete do prêmio.

A edição especial da revista Visão *dedicada a José Saramago.*

As felicitações

As mensagens

Assim que o nome de José Saramago foi pronunciado em Estocolmo em 8 de outubro, a casa do português em Lanzarote tornou-se uma espécie de posto dos Correios. A quantidade de telegramas, cartas e faxes que chegaram à sua casa nas horas seguintes é algo difícil de contabilizar — e de imaginar. Às milhares de mensagens enviadas para a ilha das Canárias há que se somar as que chegaram à residência do escritor em Lisboa. E também aquelas que, por desconhecimento do endereço do autor por parte dos remetentes, foram entregues às suas casas editoriais (não só a de Portugal, como também a da Espanha, Brasil, Itália, México, entre outros países), à sua agente literária, ao Partido Comunista Português, às embaixadas portuguesas noutros países (e de outros países em Portugal), às delegações do Instituto Camões em todo o mundo e à Sociedade Portuguesa de Autores. Quilos e quilos de papéis que, por sorte, foram guardados em pastas e hoje estão depositados na sede da Fundação José Saramago, em Lisboa.

Além de amigos e leitores, escreveram ao Nobel: famílias reais, primeiros-ministros, chefes de Estado, governadores, parlamentares, reitores, ministros, cônsules, adidos culturais e embaixadores. E milhares de instituições e coletivos como: universidades, grupos de teatro, câmaras municipais, juntas de freguesia, redações de jornais e revistas, grupos parlamentares, bibliotecas, bancos, representantes das Nações Unidas e da União Europeia, associações e organizações culturais, academias de línguas, partidos políticos de todos os espectros ideológicos, hotéis e restaurantes, clubes de futebol, centros de estudo de português no mundo, academias de letras, comitês olímpicos, sindicatos, associações de moradores, lojas maçônicas. E agrupamentos tão improváveis como a Confraria Gastronómica do Cabrito da Raça Serrana da Região de Torres Novas, o Casino de Tenerife, o Instituto Nacional de Cardiologia Preventiva, o Instituto Brasileiro de Geografia e Estatística, o Real Clube Náutico de Gran Canária, a Instituição Religiosa Perfect Liberty, a Associação Portuguesa de Árbitros de Futebol e as jogadoras de um grupo de handebol das Canárias.

Na montanha de papéis dirigida ao escritor português há comunicações de toda espécie. Desde cumprimentos formais, padronizados e impessoais, a missivas emotivas cheias de confidências. Solicitações das mais variadas, convites e propostas, algumas irrecusáveis e outras impossíveis de ser aceitas. Ofertas invulgares. Declarações de amor. Pedidos de desculpas. E, principalmente, muitas palavras de agradecimento, carinho, contentamento e parabéns. À casa do novo Nobel chegaram naqueles dias: manuscritos para ser lidos e avaliados; cassetes com músicas compostas em sua homenagem; versos de júbilo; recortes de jornais com a notícia do Nobel em várias línguas; solicitação de informações para que o mapa astral do escritor fosse feito; pedidos para que o milhão de dólares fosse dividido (justificados pelo fato de o escritor ser comunista) com pessoas que tinham dívidas para saldar, problemas de saúde, obras em casa ou ideias para abrir um negócio. Era, evidentemente, impossível responder a todas essas mensagens. E foi por isso que Saramago ditou à secretária Pepa a seguinte nota, com a instrução de que fosse divulgada e servisse como resposta às mensagens que chegassem:

Diante da impossibilidade de fazê-lo pessoalmente, José Saramago agradece as felicitações que recebeu de distintas instituições do Estado, câmaras municipais, escolas, universidades, bibliotecas, meios de comunicação social e leitores em geral.

Andamos uns a escrever, outros a ler, todos juntos construindo a história de Portugal.

(José Saramago, outubro de 1998)

O morador mais conhecido

Em 1998, Lanzarote tinha cerca de 85 mil habitantes. Afirmar que José Saramago, a partir do prêmio, se tornou o mais famoso morador do lugar não é nenhum exagero. E, também, o nome mais conhecido dos Correios da ilha. Isso explica como cartas com destinatário vago ou equivocado chegaram ao destino. São dezenas de envelopes onde se lê apenas "José Saramago — Lanzarote, Canárias" e variações como "Escritor José Saramago", "Nobel de literatura José Saramago" e até um "Nobel de Tías" (nome da vila onde vivia em Lanzarote), e que foram entregues na sua casa nos dias posteriores ao anúncio do galardão. Numa delas, vinda das Astúrias, um pedido sincero ao carteiro: "Por favor faça com que esta carta chegue ao seu destinatário". Mas talvez o grande milagre seja ter chegado às mãos do escritor uma missiva cujo remetente desafia a geopolítica mundial: "José Saramago, Lanzarote — Portugal".

E não era só na Espanha. Também em terras lusas os funcionários das empresas de correios eram quase íntimos do escritor. No rodapé de uma carta registrada, encaminhada para o endereço do escritor em Lisboa, lê-se, escrito a caneta:

> *Parabéns! Em meu nome (Homero S. Roque) por essa excelente vitória!*
>
> *Estamos todos de parabéns. Assinado: o carteiro.*

Há, aliás, uma história que demonstra o volume de trabalho que o prêmio do escritor gerou no seu país. No mesmo dia 8 de outubro, horas depois do anúncio do Nobel, a redação do *Avante!*, publicação do Partido Comunista Português, reuniu-se em Lisboa para tratar da edição seguinte do jornal. Antes de dar início à conversa, decidiram enviar um telegrama ao camarada escritor. Com a mensagem em mãos, um dos jornalistas telefonou aos Correios de Portugal e disse que gostaria de passar uma mensagem a uma pessoa que estava em Lanzarote. Não foi necessário dizer o nome do destinatário nem o número do telefone. "Não é preciso, já o sei de cor", afirmou do outro lado da linha o funcionário.

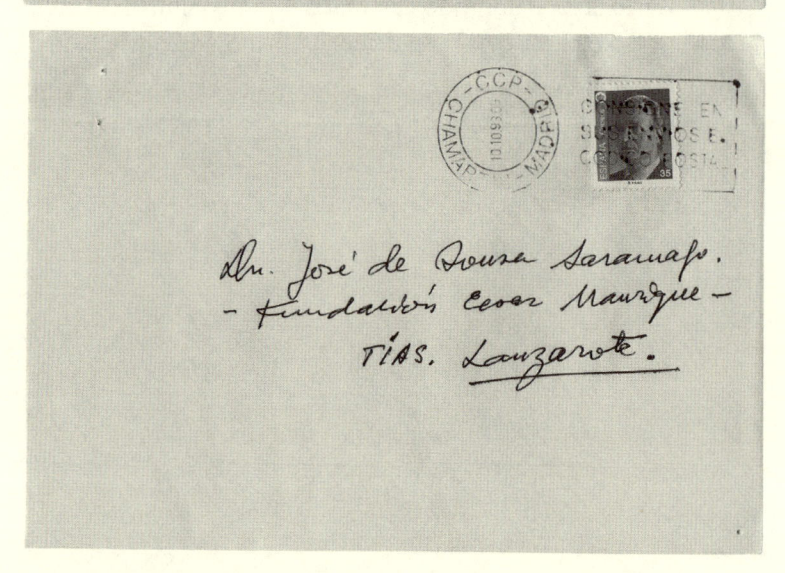

Alguns envelopes que, embora com o endereço incompleto, chegaram à casa de José Saramago.

Um emigrante português na França enviou uma carta a José Saramago com o endereço que situava Lanzarote no interior de Portugal. E a mensagem chegou ao destino.

Do mundo da política

Além dos telefonemas do presidente e do primeiro-ministro de Portugal, do líder do Partido Comunista Português, Álvaro Cunhal, da mensagem dos reis da Espanha, muitas outras personalidades políticas quiseram cumprimentar José Saramago pela conquista. O ex-presidente de Portugal Ramalho Eanes enviou um telegrama com as seguintes palavras:

Tendo tomado conhecimento, com alegria, da atribuição do prémio Nobel que honra não só a literatura, mas a própria língua portuguesa — contemplando nela, especialmente, a originalidade e o brilho do seu trabalho, vimos felicitá-lo, desejando-lhe as maiores venturas pessoais, bem como na continuação do seu mister de escritor.

No dia 8 de outubro chegou ao estande de Portugal na Feira do Livro de Frankfurt um fax endereçado a José Saramago, cujo remetente era Fernando de la Rúa, futuro presidente da Argentina, na época prefeito de Buenos Aires, no qual se lê:

Buenos Aires, 8 de outubro de 1998
Sr. José Saramago
Feira do Livro — Frankfurt

Querido e admirado amigo,
Expresso-lhe a minha felicitação mais cordial pela obtenção do prêmio Nobel de literatura. Há pouco tive a honra de declará-lo Visitante Ilustre de Buenos Aires. Falamos, naquele momento, sobre uma possibilidade que hoje, com justiça, se converteu em realidade.
A excelência artística e o profundo conteúdo humanista dos seus livros são fiel expoente da cultura de Portugal, país ao qual muitos laços nos unem. Ao mesmo tempo, soube construir uma obra de repercussão universal, com leitores pelo mundo. Por isso, este prêmio é tão oportuno.
Sei que muita gente em Buenos Aires e na Argentina partilha da minha alegria e reconhecimento. Em nome de todos, e em meu próprio, envio-lhe um forte abraço.

Do México, as lideranças do Movimento Zapatista enviaram um e-mail:
México, D.F., 8 de outubro de 1998.
Companheiro José, maestro Saramago,
Se a nossa voz, a dos mais humildes e esquecidos da Terra, a dos homens e mulheres de palavra verdadeira, alegra o teu coração e o dos teus, então a nossa voz é tua.
Saudamos com um júbilo que não nos cabe na alma o fato de que um homem livre e digno, um amigo dos nossos sonhos, dos nossos desejos de um país onde os nossos irmãos indígenas sejam livres, de um mundo diferente e mais nosso, tenha sido reconhecido, não só na sua qualidade literária, mas também, e sem dúvida, na sua qualidade humana.

De Havana, no dia 10 de outubro, o comandante Fidel Castro envia as suas felicitações para Lanzarote:

Sr. José Saramago
Lanzarote
Estimado e distinto companheiro:
Com profunda satisfação tomamos conhecimento da distinção com o prêmio Nobel de literatura. Este reconhecimento tem um grande significado para as letras portuguesas, para os admiradores da tua obra e para todos os homens e mulheres do mundo que partilhamos dos teus ideais de justiça e solidariedade humana.

Nosso povo, culto e sensível, que aprecia no seu justo valor a lealdade dos amigos, orgulha-se também por isto e partilha da tua felicidade.

Recebe, em nome de todos os cubanos, a nossa mais calorosa felicitação.

Fidel Castro Ruz

De Portugal, Maria de Lourdes Pintasilgo, a única mulher a ter liderado o governo do país, escreve:

Meu caro José Saramago,

Que dizer da alegria e da gratidão por este orgulho que, de repente, se avivou nos tempos mornos e limitados que vivemos?

E dos sorrisos que a notícia do seu Nobel abriu nos rostos de pessoas simples e sobrecarregadas com o peso das vidas duras que nunca o leram e agora querem tentar ler um livro só que seja?

E de como às "pedras mortas" da materialidade das coisas rotineiras se vêm sobrepor as "pedras vivas" do espírito que prodigamente o Saramago foi colocando neste nosso caminho que procura rasgo e risco?

Não me esqueço de uma sessão pública algures no Ribatejo. À pergunta que lhe foi dirigida: "Como é que subiu na vida?", a sua resposta pronta e que tenho citado, vezes sem conta, a crentes e não crentes, como lição e exemplo: "Eu não subi na vida! A vida é que subiu em mim!".
É a essa vida que subiu em si que presto homenagem ao dizer-lhe a minha admiração e a minha já longa amizade.

Outros dois ex-chefes de governo, Vasco Gonçalves e Mário Soares, recorreram ao telegrama:
Apertado abraço. Muita admiração. Amizade. Contentamento. Companhia Pilar. Aida, Maria João e Vitor.
Vasco Gonçalves
—
Até que enfim. Justíssimo prémio para quem tanto tem feito pela literatura portuguesa.
Um grande abraço para si e para a Pilar, que tanto o ajudou, do vosso admirador e amigo
Mário Soares

E também Paulo Portas, líder dos Conservadores Portugueses, se juntou aos festejos:
Dez milhões de parabéns.
PAULO PORTAS

Luiz Felipe Lampreia, à época ministro das Relações Exteriores do Brasil, falou em nome de uma nação:
Brasília, 9 de outubro de 1998
Meu caro amigo,

Felicito-o calorosamente pelo prêmio Nobel de literatura recebido ontem. Os brasileiros celebram a merecida conquista, que nos deixa a alma orgulhosa e haverá de fortalecer a comunhão de todos nós que, pelos continentes afora, nos falamos na língua portuguesa.

Ligado a Portugal por relações pessoais e familiares, venho dizer-lhe da alegria com que aqui, do outro lado do Atlântico, recebemos a notícia desta homenagem que o mundo lhe presta. Nós aqui nos sentimos parte da sua festa.

Com saudades dos tempos em que pudemos conviver mais de perto em Lisboa, envio-lhe, com admiração, um abraço muito apertado. Espero poder recebê-lo e homenageá-lo nesta que também é pátria do português.

Com muita estima e afeto.

Do mundo da cultura

Também foram muitas as pessoas ligadas à cultura que se somaram às comemorações.

Em Portugal
Com direito a um desenho na folha, o jornalista e escritor Armando Baptista-Bastos apontou:
9.out.98
O Nobel já eras tu,
No talento —
No carácter —
Na amizade —
E é, também, meu
Porque a amizade é o
Maior dos Nobel
Abraços

O escritor e cineasta Pedro Bandeira Freire foi mais econômico no seu fax:
Que palavras?
Um grande abraço.

A acadêmica Maria Alzira Seixo escreveu:
Pilar, querida,
Estou tentando telefonar-te desde há uma hora e o telefone está sempre impedido, por pessoas com mais sorte do que eu.
QUE ALEGRIA IMENSA!!!!
[...] Vais ter com o Zé a Frankfurt? Diz-me a morada dele lá para eu lhe mandar um telegrama. Diz-lhe, pelo telefone, que estou felicíssima por ele e por todos nós.
Imagina que recebi e-mails de alunos meus de Chicago a dar-me os parabéns por causa do Zé! Ainda nem estou em mim. Vou amanhã para Macau e Bangcoc, sei que deves ter um dia atarefadíssimo hoje, mas queria tanto que me telefonasses antes de eu ir para Macau. Mesmo assim, ainda vou tentar mais vezes o teu.
Abraço do tamanho do mundo que ele conquistou.

O poeta e ensaísta E. M. de Melo e Castro deixou o seguinte recado:
São Paulo, 8/10/98
Para José Saramago
— Parabéns!
— Grande, grande abraço para ti.
— Quanto à língua portuguesa, direi apenas:
Um prêmio, mesmo o maior, não faz uma literatura. Mas uma literatura faz um prêmio ficar maior.
Teu sempre camarada/amigo.

Do fotógrafo Fernando Lemos:
Meu amigo José Saramago:

Surpresa não tive, mas dei um suspiro forte e aqui vai o abraço agradecido. [...] Que a tua escrita e humanidade não deixem de nos abençoar. O teu amigo de sempre.

O poeta, ensaísta e crítico literário Helder Macedo tentou por fax, mas acabou, resignado, a enviar a mensagem por correio:
8.10.98
Caro amigo:
Acabo de saber. Maravilha! Vou agora para a BBC, donde houve logo três telefonemas, mais um dos Estados Unidos (National Public Radio), para entrevistas celebratórias a que acedi logo, é claro, contentíssimo.
Você merece o prémio.
Mas todos nós estamos de parabéns.
Saudades à bela Pilar.
Cordialmente,
P.S.: Isto era para ter ido por fax, mas é claro que não foi [...] de modo que vai por carta.

O cantor português Manuel Freire fez uso do bom humor:
Talvez um dia encontres esta mensagem, já amarelecida, entre os milhares de faxes, telegramas, cartas, e-mails e não sei que mais, que hoje e nos próximos dias vão desabar sobre essa casa... Não faz mal: nesse dia, talvez daqui a meses, lerás que "sofri" hoje uma tão grande alegria que nem sou capaz de te contar como foi grande, emocionante, patriótica e orgulhosa!
[...]
À uma e meia, já de hoje, quando fui para a cama, ainda estavas em dois canais e telefonaram-me a dizer que a RTP Internacional havia

repetido o programa gravado aí em vossa casa em dezembro último. Tudo o que eram imagens tuas de arquivo, cerimónias, reportagens, entrevistas, debates, foi ontem para o ar [...]. Um grande beijo a Pilar, ela também merece tudo.
Manel
P.S.: Vê lá se sobram algumas coroas para comprares umas garrafitas especiais a serem esvaziadas quando aí formos.

O escritor Mário de Carvalho enviou por correio um postal em que diz:
Meu caro Saramago,
A avaliar pelo ritmo da tua correspondência (vi no telejornal) lerás esta lá para o ano 2004.
Então saberás do júbilo e entusiasmo com que este teu admirador recebeu a notícia do Nobel.
Um abracíssimo do
Mário de Carvalho

O arquiteto Álvaro Siza Vieira optou por um sucinto e direto telegrama:
Um grande abraço pelo mais que merecido Nobel.

O mesmo método usado pela poeta Sophia de Mello Breyner:
Mil parabéns. Muito contente. Um abraço. Amiga.

Pelo escritor Urbano Tavares Rodrigues:
Abraço. Profunda alegria. Reconhecimento mundial tua obra.

E pelo poeta António Reis:
A notícia engravidou-nos de satisfação.

A professora Teresa Rita Lopes arriscou uns versos:
Para o José
E para a Pilar
(gaga de emoção, pus em verso o que não saberia dizer — porque a cantar os gagos não gaguejam...)
O coração do homem foi feito para pequenas alegrias à sua pequena / medida
Ganhar o prémio Nobel deve ser de mais para ele
Que fazer com tanto peso?
Só se for para dar de presente ao avô Jerónimo
como uma nota na escola
mas também assim!
Ah, sobretudo para enfeitar os cabelos da Pilar
Que bela flor orvalhada!
Porque ela, tenho a certeza, chorou

Da escritora Luísa Ducla Soares, então funcionária da Biblioteca Nacional de Portugal, chegou esta mensagem:
Caro José Saramago
Ilustre prémio Nobel,
Antes de mais, um grande abraço de parabéns pela mais alta distinção que um escritor pode receber. Finalmente aconteceu!
Depois, gostaria de lhe comunicar a grande euforia que a sua distinção provocou entre a gente geralmente sisuda, indiferente e triste que povoa a nossa capital.

Eu trabalho na Biblioteca Nacional. Quando houve conhecimento do seu prémio as pessoas (aqui) beijavam-se e abraçavam-se. À minha sala chegaram, por e-mail, congratulações de portugueses e estrangeiros. Os telefones tocaram trazendo abraços de utentes dos nossos serviços. De certa forma, lembrou-me aquela alegria total e espontânea do 25 de Abril.
Propus à direção da biblioteca uma imediata mostra da sua obra. A ideia foi aceite e encarregaram-me de levar avante o projeto. Desisti de um curso que iria começar no início da próxima semana para me ocupar de tão grata missão.
Não é só o mediático prémio Nobel que gostaria que fosse reconhecido. Mas o grande artífice da língua portuguesa, o criador de sonhos e o transmissor de realidades, o homem íntegro, desassombrado, de face erguida, o que manteve a sua coerência quando o momento não era de congratulações mas de marés hostis.
Por ser quem é, obrigada!
Um grande abraço e a muita, muita admiração

O cantautor Sérgio Godinho usou o futebol como metáfora:
23-10-98
Caro José,
Como a poeira leva tempo a assentar, não é? A roda-viva é inevitável, mas admiro a tua resistência à tortura — e a tua disponibilidade, que conheço.
Esse tal corredor do aeroporto de Frankfurt está agora apinhado de gente, e, como todos, também eu digo: Parabéns.
(Porquê, faço anos? Salvei alguém de morrer afogado? Defendi o pénalti?) Defendeste, desta vez o prémio não escapou das tuas mãos, e o

estádio veio abaixo. Saltou-te foi a caneta, ainda a viste por um momento na relva, mas logo a seguir o homenzinho de negro apitou e a confusão levou-te em ombros. Imparáveis, os abraços, para ti que paraste o prémio.

E a caneta? Por ironia, decerto pensaste: "Ensaiaram a cegueira em mim", e sei lá se não pensaste: "Até que conseguiram".

Mais tarde, no escuro, estádio vazio, voltaste à relva e ao brilho familiar da tal caneta. E lá estava ela, pirilampo ágil reclamando o seu lugar no bolso do teu casaco.

"Mais um autógrafo", pedem os livros ao pobre do pirilampo. Que aceita repartir a sua luz, mas que gostaria de adormecer de cansaço na dobra de uma página em branco.

Para acordar depois em pleno sonho, e recomeçar no que nele se aprendeu.

Um abraço para a Pilar, um abraço para ti.

O romancista Rentes de Carvalho escreveu da Holanda:

Amsterdam, 10 de outubro 1998

Meu caro Saramago,

Em princípio esta carta era para lhe dizer a grata recordação que me ficou do nosso encontro aqui em Amesterdão. Porém, a extraordinária notícia de ontem apaga a intenção inicial.

A falar verdade não sei bem com que palavras o felicitar. Prémio Nobel! O primeiro escritor de língua portuguesa a recebê-lo! O impacto que essa distinção certamente vai ter no conhecimento e na difusão da nossa literatura!

O reconhecimento mundial do seu talento, para si motivo de justo orgulho, é para nós todos — portugueses ou lusófonos — razão de profunda alegria. E também de esperança para a literatura, pois o *galardão que lhe foi atribuído demonstra que é possível vencer sem conformismo nem concessões a escolas ou a modas.*

Bem haja, caro Saramago, por nos ter dado tanta honra e razão de nos podermos orgulhar de ser seus compatriotas.

Cordialmente seu.

O cantor Carlos Mendes deu voz à emoção num fax enviado:
Meu querido José
Parabéns!
Obrigado!
Aconteceu um novo 25 de Abril.
Restituíste-nos o orgulho de ser português!

Um dia depois do anúncio do prêmio, o escritor e gestor cultural António Mega Ferreira enviou um fax manuscrito:
Querido José Saramago,
Assente a poeira do momento (luzes, choros, gritos e comovidas congratulações), venho ao que é sentido: o forte, profundo abraço de quem se entusiasmou até às lágrimas com um triunfo que é seu, inteiramente e merecidamente seu, porque nunca precisou que outros lhe pegassem na mão que escreve, porque ninguém teve que o levar ao colo para ser quem é.

Gostei da "súbita serenidade" com que recebeu a notícia do prémio. Percebo que lhe tenha custado não estar com a Pilar nesse momento, mas eu acho que o destino (comodidade de expressão, como ambos concordamos) lhe reservou a circunstância ideal: a esplêndida solidão do vencedor. Ver um homem feliz é o maior espetáculo do mundo, o mais comovente e o mais exaltante.

Permito-me desejar-lhe, do mais fundo da minha amizade e admiração, que este momento se prolongue no tempo da sua vida. Um forte, forte abraço

O músico Fernando Tordo expôs os seus sentimentos:
Lisboa, 9 outubro de 1998
José Saramago
De reserva, tinha esta lágrima de lava para quando a emoção fosse assim.
É sua.

Da Espanha
Marcos Ana, militante político, poeta, o homem que mais tempo passou nas prisões de Franco, transbordou ternura na sua mensagem:
Queridos José e Pilar:
Estou mais alegre do que umas castanholas, e imagino como vocês estarão se sentindo. Estava em viagem quando o prêmio foi anunciado, [...] ao chegar em casa encontrei a secretária eletrônica cheia de alegres mensagens dando-me a notícia.
É um delírio. Nem quando o prémio foi concedido a Pablo [Neruda] houve tanta alegria coletiva. É como se, em ti, nos tivessem premiado a todos. Foi, está sendo, um grande acontecimento, não só no mundo cultural, mas também para as pessoas simples da rua, que talvez não te tenham lido, mas que se reconhecem em ti com orgulho, sabem quem és, o que defendes e representas.
José, mereces de sobra essa distinção, pela transcendência da

tua obra e a dignidade exemplar da tua vida. Hoje eu também me sinto condecorado.
Um abraço alegre e afetuoso.
P.S.: Pilar, gostaria de te ver por um buraquinho, embora seja fácil imaginar-te. Felicidades e um beijo. Te queremos.

O economista e escritor espanhol José Luis Sampedro, uma referência do pensamento humanista na Espanha do século xx, apontou:

Queridos amigos:
Esta carta cairá na montanha de cartas e, além disso, não é para ser respondida, e além de tudo vai dizer o que vocês já sabem de sobra há muito tempo, que é o meu carinho por vocês e a minha admiração saudavelmente cheia de inveja do grande escritor. Mas não tenho outro remédio, necessito contar-vos a minha imensa e verdadeira alegria pelo Nobel dado a José, tão merecido e que tanto honra a Academia Sueca.
Amigos,
Viva Saramago!
Viva Portugal!
Um grande abraço.

A jornalista e escritora Rosa Montero enviou um fax, em papel timbrado do *El País*, onde se lê:

Querida Pilar, querido José
Volto de uma viagem a Bruxelas e encontro-me, primeiro, com o Nobel: HURRAAA!!! Por fim um prêmio pelo qual sentir-se feliz: estou emocionada, de verdade. [...] Enfim, queridos, só queria lhes dizer

que o meu coração está aos saltos. Mil beijos e felicitações da minha parte com todo o meu carinho e alegria.

A também escritora espanhola Carme Riera enviou um cartão que diz:

Às vezes, é preciso admitir, os acadêmicos acertam e dão o prêmio Nobel a quem o merece de verdade. Não sabes o quanto me alegro com o veredito deste ano, que celebrei relendo os teus livros.

Obrigado, de novo, pelos teus escritos e por seres como és. Um grande abraço.

Eduardo Mendoza, de Barcelona, escreveu:

Querido José,

O que posso dizer-te que não saibas? [Que sinto] Uma imensa alegria como homem de letras e uma alegria maior como amigo. Aos jornalistas que me perguntam insisto nisto: que o prêmio Nobel de literatura não tem por objetivo socorrer línguas adiadas nem ideologias maltratadas (embora nunca venha mal), senão que é um prêmio de literatura e to deram porque és um grande escritor. O resto vem por acréscimo.

Parabenizo-te também porque tenho visto as tuas aparições na televisão e comprovo que não perdes a serenidade nem o sentido de humor nem a modéstia. Nem a elegância. Pilar, na televisão e nas fotos, como sempre: inteligente, brincalhona e bonita. Também a ela os meus mais sentidos parabéns. Estes prêmios são prêmios para todos.

E aos dois, com o carinho de sempre, um forte abraço.

Num envelope, com um bilhete dentro, Fernando Morán, diplomata, ex-ministro do governo do Partido Socialista Operário Espanhol, anotou:

Querido José:

No outro dia, durante a sua conferência de imprensa na Alfaguara, senti uma profunda emoção. Não se tratava somente do máximo reconhecimento a um grande escritor nem da felicidade de um amigo, mas sim do triunfo da congruência ideológica e, sobretudo, de uma conduta ética — coisa que não se vê todos os dias no mundo em que nos correspondeu viver.

De novo um forte abraço para a Pilar e para ti.

Juan Marsé, escritor catalão, optou por um cartão-postal:

Parabéns pelo Nobel, e um abraço de um admirador!

E também e sobretudo obrigado antecipadamente pelo próximo romance.

Bom trabalho!

Meus melhores desejos, com todo o meu afeto e a minha admiração.

O casal Almudena Grandes e Luis García Montero assinou numa folha, enviada por fax à Editora Alfaguara:

À atenção de José Saramago

Queridíssimo José Saramago

Queridíssima Pilar del Río

Um abraço muito forte.

Já sabem que nos alegramos

Com o coração en la mano

A carta da escritora Carmen Martín Gaite veio num papel azul na companhia de adesivos em forma de coração:

Madri, 12 outubro 98

Querido José, quis deixar passar uns dias para te escrever, porque o teu telefone está sempre ocupado e imagino-te muito atarefado com os veículos de comunicação ou viajando de um lado para outro. Entre esse "cheiro de multidão" e do barulho de que te verás cercado, queiras ou não, espero que com boa sorte este cartão azul se infiltre, como uma gotinha que vem alimentar esse mar de parabéns pela tua conquista. Não é mais do que uma gotinha, é verdade, mas de água muito pura, como as que brotam do mais fundo de um poço.

Alegro-me, alegro-me muitíssimo.

Um forte abraço, e viva.

José Agustín Goytisolo também enviou uma carta, escrita à mão:

Barcelona, 15 out. 98

A José e Pilar Saramago,

Queridos amigos,

Prefiro expressar por escrito a alegria grande que entrou em minha casa ao receber a notícia, por mim desejada e esperada, do prêmio a José.

Um telegrama é pouco, pensei; é como uma palmada no ombro, uma felicitação de urgência.

Eu já te teria dado todos os prêmios por todos e cada um dos teus livros. A minha mulher une-se ao meu sentir. Não podemos querer-vos nem apreciar-vos mais do que antes, mas sim estar mais contentes.

Pilar, José, todos os abraços, todo o carinho.

Carta escrita à mão e enviada por correio, foi essa também a forma que o jornalista e escritor Juan José Millás encontrou para falar com o casal amigo:

Queridos Pilar e José: lamentei muito não vos ter dado um abraço pessoalmente aquando da grande notícia do Nobel, mas já teremos oportunidade.

Espero, José, que recuperes, o quanto antes, a tranquilidade e a rotina para nos continuares a alimentar com regularidade, aos teus leitores.

Parabéns e um forte abraço.

Jordi Solé Tura, jurista e político espanhol ligado ao Partido Comunista da Espanha, anotou:

D. José Saramago
Lanzarote
Meu querido amigo,
Acalmada já a fúria do Vaticano, quero dizer-lhe que estou encantado com o seu prêmio Nobel. Ultimamente não abundam as boas notícias e, por isso, agradece-se tanto uma como esta, que é, ao mesmo tempo, justa, acertada e alegre.
Espero que não o incomodem muito e que o deixem desfrutar do prêmio junto da sua companheira e querida amiga.
Força e adiante.

Félix Grande, poeta e crítico espanhol, recorta e cola a manchete de um jornal onde se lê uma declaração de José Saramago: "Seria bom que a Espanha recebesse esse prêmio Nobel como seu". E discorre:

E não sabes até que ponto, querido e admirado e admirável José: quando vi a notícia na televisão peguei ao telefone e comecei a ligar a vários amigos para partilhar com eles a minha alegria incontida — quase que para os parabenizar por serem teus leitores. O maravilhoso continuou com um segundo ato. Foi só pousar o telefone que ele começou a tocar: eram outros amigos que haviam sentido a mesma necessidade que eu, partilhar a alegria que sentia e felicitar-me por eu ser um leitor de Saramago.
[...]
Abraço-vos com muita força. Com toda a minha força de admiração de esquerda. Sejam felizes.

A jornalista e documentarista Georgina Cisquella pede para ser incluída na lista de felicitações:
Madri, 8 de outubro 1998
Já chegou o furacão do Nobel, move-se como uma tormenta de microfones, abraços falsos, beijos verdadeiros e, provavelmente, um monte de palavras vãs para falar de outras coisas mais profundas que foram escritas em silêncio.
Essas outras, antes do furacão e da formidável fortuna que chega do Sancta Sanctorum sueco — por muito que pergunte são como uma seita, ninguém sabe o nome deles — impressionaram--me. Quando li Todos os nomes, descobri uma grande metáfora sobre a existência, esse transitar pela corda bamba que nos balança entre os vivos e os mortos, entre ser alguém ou não ser. Com certeza, esta noite, depois do anúncio do Nobel, alguém recortou a tua foto e o teu nome e colou-os num álbum que agora descansa sobre a mesinha de cabeceira, que, sem saber muito bem por quê, desprende um

cheiro de enxofre das pedras de Lanzarote e de madeiras queimadas do Chiado português.
Beijos a Pilar. Inscrevam-me na lista de felicitações de todo o coração.

Fernando Gómez Aguilera, diretor da Fundação César Manrique, e autor de livros e outros trabalhos sobre José Saramago, enviou as seguintes e sentidas palavras:
Querido José:
A tua alegria é a minha alegria grande. Imaginas a alegria do avô Jerónimo hoje? A vida tem também umas pequenas justiças.
Com os meus parabéns, recebe o meu abraço mais humano, que é também para a Pilar.

O jornalista e empresário espanhol Juan Luis Cebrián escreveu num cartão:
9-outubro-98
Querido José
Lamento muito não ter estado com vocês nesse dia tão feliz. Espero que nos vejamos em breve e possamos celebrar um prêmio que é, antes de tudo, um ato de justiça.
Um grande abraço para a Pilar e para ti.

Do Brasil
Não foram poucas as missivas que cruzaram o oceano para congratular o autor. José Mindlin, maior bibliófilo brasileiro, enviou uma curta mensagem:

Queridos Xará e Pilar,
Muito contentes com o merecido sucesso, aceitem os parabéns e o abraço afetuoso da Guita e do José.

A escritora brasileira Lygia Fagundes Telles achou mais prática a comunicação por telegrama:
Com o pensamento em você, na maior alegria, o abraço afetuoso.

Também do Brasil, o escritor Raduan Nassar fez chegar por fax as seguintes palavras:
Querido Saramago,
Evitei aborrecê-lo antes, mas preciso registrar minha alegria quando se anunciou o Nobel de literatura deste ano. Tudo de bom em 99 para você e Pilar. Espero revê-los brevemente no Brasil.
Abraços,
Raduan
SP, 21.12.98

De Salvador da Bahia, enviada no dia do anúncio do Nobel, a mensagem de Jorge Amado e Zélia Gattai diz:
Queridos Pilar e José:
Viva Saramago!!!
Zélia, Paloma e eu estamos aqui brindando à vossa — nossa — felicidade, com este prêmio tão bem concedido.
Ditei a nota acima, pois não estou podendo escrever nem dar entrevistas, mas não poderia deixar de dizer a todos o quanto estamos felizes por esta vitória, sua pessoal e da literatura de língua portuguesa.

Todo o afeto do Jorge Amado.
Que alegria! Beijos para os dois, da Zélia.
Estamos comemorando com muita alegria.
Beijos para vocês de Paloma.

O escritor Affonso Romano de Sant'Anna esperou uma semana, talvez por imaginar que as mensagens que ficassem no topo da pilha seriam lidas antes:
Rio 15.10.98
Saramago,
Acho que só em 2010 você acabará de responder às cartas e saudações pelo merecido Nobel. Mesmo assim, só terá terminado o primeiro lote.
Devo lhe dizer que por sua causa já dei não sei quantas entrevistas, perguntando os repórteres sempre aquela coisa: "a importância do prêmio para a nossa cultura" etc.
Abraço fraterno em você e Pilar. Do seu amigo.

A escritora brasileira Lya Luft enviou estas emotivas palavras:
Para Saramago e Pilar
14 de outubro, 98
Queridos amigos, caríssimo Saramago, bela Pilar.
O que posso lhes dizer, como falar de minha alegria, minha emoção, meu entusiasmo, minha sensação de até que enfim alguém como Saramago? Tentei várias vezes lhes falar ou "faxiar", mas, compreensivelmente, o telefone está sempre ocupado. [...] Imagino sua alegria, meu amigo, pelo reconhecimento de um trabalho tão sério, e de uma arte tão bem aplicada. E você, bela Pilar, sinta meu carinhoso

beijo, e saiba o quanto, tão de longe em minha remota casa e minha remota cidade, partilho de sua alegria.
[...]
Sua amiga e admiradora sempre.

Cleonice Berardinelli, professora brasileira, não economizou na redação:

Rio, 8 de outubro de 1998
Querido amigo:
Às 8h30 estava eu já diante do meu computador quando toca o telefone: era a minha colega e amiga Margarida Alves Ferreira que ligava para dizer-me, numa voz que escorria satisfação, que era seu o prêmio Nobel de literatura. E tinha de partilhar comigo a alegria.

Vibrei e quis logo falar-lhe ou passar-lhe um fax — o que vou tentar enviar agora, na calada da noite, na esperança de que, afinal, a linha esteja desocupada. Disquei imediatamente e fui usando o redial de instante a instante [...]. Passou-se a manhã, a tarde e agora já está escuro. Nada... Vou ainda dar um tempo e tentar de novo. Ficarei completamente decepcionada se não conseguir dizer-lhe, oralmente ou por escrito, como estou "curtindo" esta vitória, mais que justa e tão esperada. Além de alegrar-me por e com você, alegro-me por ver que, afinal, descobriram que há uma língua em que se escrevem obras literárias da mais alta qualidade.

[...]

Um abraço muito sincero, que você compartilhará com Pilar, da sua sempre amiga e incondicional admiradora.

Gilda Mattoso, Caetano Veloso e Paula Lavigne também deram sinal:
> Rio de Janeiro, 8 de outubro de 1998
> Querido Saramago,
> Nossa alma canta! Vibramos, Paula, Caetano e eu, com esse prêmio Nobel pra lá de merecido por gente de nossa língua, em geral, e você, em especial.
> A torcida foi grande e valeu! Estamos em festa e com você em nosso coração.
> Um beijo
> P.S.: Beijinhos pra Pilar

De outras partes do mundo
A acadêmica italiana Luciana Stegagno Picchio escreveu um e-mail que foi enviado poucas horas antes do anúncio do prêmio. O título era "Votos" e dizia:
> Queridos José e Pilar: esta é uma declaração de amor e de fidelidade prévia das nove da manhã do dia 8 de outubro de 1998. Aconteça o que acontecer pensamos com ternura em vocês, amigos, antes de tudo... e, naturalmente, torcemos por José. Todos os anos, nesta altura, eu, Luciana, tenho aquela sensação de angústia disfarçada de quem espera com um meio sorriso no aeroporto a chegada da sua mala e pensa que nunca vai sair, que os outros vão passar sempre à frente. Mas no fim acaba sempre por chegar. Caso contrário, reclamamos com a Companhia.

Paollo Collo, editor italiano, também optou pelo e-mail para dizer:

Cara Pilar,
Abbiamo vinto!!!!!!!!!!!!!!!!!!!!!
Telefonei muitas vezes mas estava, naturalmente, sempre ocupado.
Um grandessíssimo abraço.

O professor italiano Ettore Finazzi-Agrò redigiu a seguinte carta:
Caríssimo José,
A grande notícia surpreendeu-me no carro, de regresso a casa. O rádio estava ligado e eu ouvi o anúncio de que o prêmio Nobel tinha sido atribuído a José (lido à espanhola, naturalmente) Saramago: Dei um grande soco de alegria no volante.

Logo a seguir recebi no meu celular (também eu devo usar, infelizmente, esse instrumento infernal) uma chamada da RAI pedindo uma entrevista imediata para o noticiário radiofônico da uma da tarde. Parei o carro e dei a entrevista. As perguntas eram, em geral, parvas. [...] Consegui, porém, declarar urbi et orbi *que te considero o maior romancista português e um dos maiores escritores europeus deste século. [...]. Bom, tudo isto para te dizer o orgulho de ser (ou considerar-me, que é quase a mesma coisa) teu amigo e a felicidade enorme que sinto pela felicidade do meu amigo longínquo.*

Parabéns (aguardo com ânsia a cerimônia de entrega do prêmio) e um grandíssimo abraço para Pilar e para ti.

Ray-Güde Mertin, agente literária de José Saramago, enviou o seguinte e-mail para Pilar:
Domingo, 11 de outubro de 1998
Querida Pilar,

Não sei como descrever-te por palavras a minha felicidade — nossa felicidade — aqui. José estava rodeado de tanta gente na quinta-feira e tão sozinho porque não estavas com ele.
Sem palavras, com muita emoção e carinho.

O nicaraguense Sergio Ramírez também optou pelo e-mail:
Queridos José e Pilar:
Ontem foi um dia de grande alegria nesta casa quando recebemos a notícia do prêmio Nobel para José. E hoje, o dobro, ao vê-lo fotografado com uma rosa na mão. E tripla ao ler a notícia do protesto do Osservatore Romano. *Meu Deus, a Idade Média não termina. José, há que seguir sendo ímpio para ganhar o reino dos céus, que não é o de Wojtyla, graças a Deus.*
Sei que haverá uma avalanche de telefonemas, não sei onde estarão agora, porque as asas da fama são demasiado velozes, mas em qualquer parte onde estejam vos alcançará o nosso carinho e a felicidade deste momento [...] envio-vos o artigo que escrevi por motivo do prêmio para José e que aparecerá no La Jornada *do México e noutros jornais deste lado.*
Tulita, a minha mulher, junta-se a este regozijo, com todos os meus filhos, devotos leitores de Todos os nomes *e companhia.*
Com o meu abraço.

Do México, Gabriel García Márquez enviou por fax uma mensagem em que se lê:
José Saramago é um dos grande escritores deste século e o seu prêmio Nobel é um dos mais justos. O júbilo que isto causa nos países de língua castelhana, como se fosse um triunfo nosso, confirma o que

alguns de nós, escritores, estamos tentando dizer há muito tempo: a literatura ibero-americana é só uma. Por isso, propusemos tantas vezes que se tenha em conta tanto portugueses como brasileiros para o prêmio Cervantes.

A nota pitoresca desta vez é que Saramago tenha sido condenado por um Papa que reivindicou Galileu depois de quatro séculos. Talvez dentro de outros quatro um Papa nascido na Lua ou em Saturno venha a reivindicar também Saramago. Se Deus quiser.

Também do México partiu esta mensagem de Marisol Schulz, editora e atual diretora da Feira do Livro de Guadalajara, para o e-mail de Pilar del Río:

Querida Pilar:

Seis da manhã, hora mexicana. Ligo a televisão e Ricardo Rocha, num novo noticiário, está dando a notícia do prêmio Nobel de literatura. Não posso acreditar. Dou um grito tamanho com que, claro, acordo a Erandi, minha filha, e abraçamo-nos de felicidade. Desde ontem fui dizendo que não existia outro candidato viável e sinto-me agora um pouco "bruxa".

Que posso dizer? Apenas que, em pensamento, estamos com vocês e que o que mais queríamos (falo por mim, por Erandi e por Laura) era apanhar um avião e voarmos para Lanzarote.

É um prêmio para o José, para ti, para a literatura e para as causas mais justas da humanidade. Por uma vez, o bem venceu e congratulamo-nos todos por isso.

Eu e a Laura tomaremos um copo hoje à vossa saúde.

Recebam um forte abraço, beijos e todo o nosso carinho.

Do Uruguai, Eduardo Galeano enviou por fax uma mensagem com uma pergunta:
De Montevidéu, no dia do Nobel
A Pilar
A José
Eu achava que o mundo estivesse de pernas para o ar, mas agora fiquei na dúvida: que será que deu à justiça para começar a existir?
Beijos e abraços de Helena e Eduardo

Foi das poucas missivas respondidas pessoalmente por Saramago:
Para Helena e Eduardo
De Pilar e José
Lisboa, três dias depois de Pinochet!
Queridos,
Pois sim, a justiça existe e Pinochet (esperamos) vai sabê-lo. Obrigado pela vossa carta e pela vossa alegria.
Vemo-nos em breve em Lanzarote?
Abraço infinito,
José
Y Pilar (bien, bien, bien)

No dia 11 de outubro, Susan Sontag enviou por fax uma mensagem escrita de próprio punho, onde se lê:
Meu queridíssimo José!
Finalmente os suecos fizeram o que deveriam — precisamente quando pensávamos o pior deles, depois de tantos prêmios irrisórios.

Tu és o meu candidato há anos (e eles sabem disso)... Sendo assim, a notícia deu-me muita felicidade — por ti, pela literatura.
Abraço-vos com força, a ti e a Pilar.

De Buenos Aires, María Kodama enviou um postal com parabéns e um convite:
Queridos José e Pilar:
Parabéns! À noite soube, por Juan Goytisolo, do prêmio. Alegro-me muitíssimo que o tenhas recebido. Imagino a alegria da Pilar.
Estou, como veem, em Marrocos. Quando voltar a Buenos Aires enviarei a "carta oficial" convidando-te para o centenário de Borges, como já te adiantei em Buenos Aires. Será no mês de agosto, dia 24, aniversário de Borges, mas, se não puderes, escolhe o dia.
Um forte abraço e tudo de bom... e de novo parabéns, para Pilar e para ti.
P.S.: Me hace mucha ilusión, como vocês dizem, pensar que estarão em Buenos Aires.

Prêmio Nobel da paz em 1986, Elie Wiesel, sobrevivente dos campos de concentração nazistas, escreve desejando a José Saramago as "boas-vindas ao clube":
Caro colega e amigo,
Antes de mais nada: Welcome to the club, *como dizemos em casa.*
Saiba que os seus colegas da Academia Universal das Culturas estão orgulhosos de ti. Você nos honra com a tua literatura.

E também da Academia Sueca, de um dos seus dezoito membros, uma carta que lida hoje adquire uma nova dimensão. Vinte anos depois, não se entregará o prêmio Nobel. A "tragédia" a que se refere Knut Ahnlund fez com que a instituição repensasse os seus estatutos e composição:

7 de dezembro de 1998

Querido José Saramago, quero dar-lhe os meus parabéns pelo prêmio. Como o meu filho lhe terá dito em Lanzarote, não pude estar presente nas sessões destes dias em Estocolmo. O senhor sabe da tragédia que aconteceu com a Academia, mas sabe também que isso não impediu que eu, como especialista em línguas ibéricas, trabalhasse a favor da sua candidatura. Recordo com muito carinho o nosso encontro em Lisboa, por ocasião da visita da Academia ao seu país, e da nossa conversa sobre as semelhanças entre os casos sueco-dinamarquês e espanhol-português.

Um forte abraço antes de viajar para a Madeira!

> Trieste, 22.12.98
>
> Caro José,
>
> congratulazioni per il tuo Nobel è ancora tante, tante affetto e gioia per tutti noi.

Mensagem enviada pelo escritor italiano Claudio Magris: "Muitos, muitos carinhosos parabéns. O teu Nobel é uma alegria para todos nós".

```
ZCZC WFA831 LPT316 MDS701    XAA376    BRA317 TPL421 FSW05717
ESAF CO ESAF 025
SAOPAULO/SP 26/24 08 1521

JOSE SARAMAGO
LOS LOPES, 3 LAS TIAS DE FAJARDO
LANZAROTTE/CANARIAS (35572)

COM O PENSAMENTO EM VOCÊ, NA MAIOR ALEGRIA, O ABRACO AFETUOSO DA
    LYGIA FAGUNDES TELLES
```

```
Doc Rec. de:  01138658181                          21/12/98   14:06    Pg:  1
  FROM : RADUAN NASSAR       PHONE NO. : 01138658181       Dec. 21 1998 11:02AM P:
```

Querido Saramago,

Evitei aborrecê-lo antes, mas preciso registrar minha alegria quando se anunciou o Nobel de Literatura deste ano. Tudo de bom em 99 para você e Pilar. Espero revê-los brevemente no Brasil. Abraços,

Raduan

SP, 21.12.98

*Telegrama enviado pela escritora Lygia Fagundes Telles
e mensagem, transmitida por fax, do escritor Raduan Nassar.*

MARIA DE LOURDES PINTASILGO

Lisboa, 9 Out 98

Meu caro José Saramago:

Que dizer da alegria e da gratidão por este orgulho que, de repente, se avivou nos tempos mornos e limitados que vivemos?
E do sorriso que a notícia do seu Nobel abriu nos rostos das pessoas simples e sobrecarregadas com o peso de vidas duras que nunca o leram e agora querem tentar ler um livro só que seja?
E de como às "pedras mortas" da materialidade das coisas rotineiras se vêm sobrepor as "pedras vivas" do espírito que prodigamente o Saramago foi colocando neste nosso caminho que procura rasgo e risco?

Não me esqueço de uma sessão pública algures no Ribatejo. A pergunta que lhe foi dirigida: "Como é que subiu na vida?", a sua resposta pronta e que tenho citado, vezes sem conta, a crentes e não-crentes, como lição e exemplo: "Eu não subi na vida! — A vida é q' subiu em mim!"

É a essa vida que subiu em si que presto homenagem ao dizer-lhe a minha admiração e a minha já longa amizade

Maria de Lourdes Pintasilgo

A carta de Maria de Lourdes Pintasilgo, ex-primeira-ministra de Portugal.

JOSÉ LUIS SAMPEDRO

Madrid 8-10-98

Queridos amigos:
   Esta carta caerá en el montón y además no es para ser contestada y además va a deciros lo que de sobra sabéis hace tiempo, que es mi cariño a vosotros y mi admiración sanamente envidiosa al gran escritor, pero no tengo más remedio, lo necesito por dentro, que deciros mi inmensa y verdadera alegría por el Nobel a José, tan merecido y que tanto honra a la Academia Sueca.
   Amigos, ¡Viva Saramago y Viva Portugal!
   Un gran abrazo

José Luis

A mensagem do economista e escritor espanhol José Luis Sampedro.

Leitores anônimos

Não são apenas nomes famosos que se destacam nas incontáveis mensagens que José Saramago recebeu naqueles dias de alegria e loucura pós-Nobel. Foram centenas de cartas, muitas delas bastante extensas, vindas de várias partes do mundo. Sendo impossível reproduzir todas, vejamos algumas delas.

De Saragoça, Espanha, um leitor escreve para "realizar o sonho de falar" com um prêmio Nobel. Demonstra contentamento pela distinção, "como se um familiar seu a tivesse recebido", e declara-se feliz por José Saramago ter casado com uma espanhola: "Não sei qual dos dois teve mais sorte".

Uma leitora de Las Palmas, ilha vizinha de Lanzarote, pede ajuda ao prêmio Nobel de literatura. Gostaria de "contar o que borbulha" dentro de si, mas não sabe como: "Poderia dar-me uma pequena indicação de como se escreve um livro?".

Um médico espanhol, "colecionador de fotografias autografadas de prêmios Nobel", escreve pedindo que o escritor realize o seu desejo. "Que a assinatura seja na face dianteira da fotografia", esclarece. Da Alemanha, outra carta com o mesmo pedido: uma foto autografada para figurar na coleção de retratos de vencedores do Nobel.

De Gênova, um leitor escreve para dizer, simplesmente: "Parabéns, felicidades e todas essas coisas. Queria escrever mais, porém o meu português é pobrezinho...".

Um leitor do Piauí, no Brasil, gaba-se de ter sido o primeiro a divulgar a obra de José Saramago na sua terra. Para o demonstrar, anexa uma coluna que escreveu no jornal local e acrescenta que no texto incluía, "de forma premonitória", uma referência ao Nobel. Uma professora da Pontifícia Universidade Católica de Minas Gerais, Brasil, vai mais longe: "Lembrei-me com emoção de ter sido a primeira a falar de sua obra no Brasil, em 1980".

Um leitor de Vigo, Galiza, define-se como um "convicto iberista", amante de Portugal. "Conheço o Portugal profundo porque — modéstia à parte — creio ser o jornalista espanhol que melhor conhece Portugal continental, o que gastou mais horas em carro e dinheiro." O plano que a seguir descreve para a sua ceia de Natal é demonstrativo da felicidade pelo Nobel para o seu escritor predileto: "Deixe-me dizer que estou muito feliz e muito orgulhoso de que você tenha alcançado tão justo prêmio. Neste Natal valerá a pena abrir um vinho de Almeirim, um branco Fernão Pires bem frio; passar a um tinto da cooperativa Chamusca e acabar com uma Jeropiga de Benfica do Ribatejo, brindando porque um dos nossos passou à história universal". O leitor envia em anexo uma foto do seu fiel cão falecido em 1996.

Do País Basco uma leitora escreve para contar que descobriu a escrita de José Saramago há não muito tempo, que partilha as suas ideias de esquerda e que depois de ler três dos seus livros em sequência iria tomar um "descansito" — porque às vezes a forma de narrar do autor parece-lhe complicada. "Gostaria que você me contasse por que razão escreve parágrafos tão extensos e coloca a vírgula onde eu colocaria um ponto. Devo lhe dizer que você às vezes me despista porque, em ocasiões, depois de uma vírgula escreve em maiúscula. Sinceramente, gostaria de saber por quê."

Um leitor português conta que esteve no Centro Cultural de Belém no dia da homenagem ao escritor, mas que não pôde entrar. "Não estive dentro do auditório. A sua lotação estava esgotada quando cheguei. Contentei-me em seguir a cerimónia através de um ecrã existente no hall de entrada, na companhia de muitas mais pessoas. No final tive o grato prazer de lhe apertar efusivamente a mão." Outro conterrâneo de Saramago relata a euforia que tomou conta dele quando viu, na televisão de uma tasca lisboeta, a notícia do prêmio. A fama de povo contido nas emoções, mais propenso à melancolia do que à euforia, parece ter dado uma trégua. Diz uma leitora: "Gostaria de lhe comunicar a grande euforia que a sua distinção provocou entre a gente geralmente sisuda". Um leitor madrilenho conta que, no bar que frequenta, os funcionários, dois portugueses, não eram capazes de esconder a alegria pelo triunfo do compatriota.

São muitas as cartas cuja finalidade é agradecer ao escritor pela sua obra. "Gostava de conhecê-lo pessoalmente para lhe poder dizer que, de alguma forma, os seus livros mudaram muito da minha vida: fizeram-me refletir sobre coisas que me passavam ao lado, fizeram-me sonhar com a minha própria liberdade como ser humano..." Outra diz: "Obrigado por ser quem é. Gostava que me deixasse dar-lhe um abraço e um beijo".

Uma jovem leitora portuguesa esbanja franqueza:

Ainda só tenho vinte anos. Não sei nada da vida. Têm-lhe dito tantas coisas nestes últimos dias que provavelmente o que lhe vou dizer não tem importância nenhuma. Apesar disso, preciso de lhe contar que quando ouvi que tinha ganho o Nobel fiquei com os olhos cheios de lágrimas. O Ensaio *faz parte da minha vida, é o meu livro preferido — talvez o único que tentaria salvar se a minha casa ardesse —, ajudou-me a crescer e a moldar o meu carácter. Por isso acho que dá para imaginar a alegria que senti. Calculo que nestes últimos tempos se deve ter interrogado, quando é recebido nas inúmeras conferências, palestras, encontros..., se estariam metade das pessoas a recebê-lo desta forma no caso de não ter ganho o Nobel. Pois é. A maioria teria coisas mais importantes para fazer. Mas eu e outros lá estaríamos, como já estivemos antes. Peço-lhe então que não se esqueça de que, no meio de uma plateia cheia, estarão certamente muitos pares de olhinhos brilhantes a transbordar de orgulho sentido. Como há escritores diferentes, há também leitores diferentes. E vale a pena ser diferente — o senhor e o seu prémio são prova disso.*

Obrigada.

Ainda mais jovem, uma leitora de São Paulo confessa:

Saramago

Olá!

Tenho dezenove anos e estive me preparando para entrar na universidade durante todo o ano de 1998, o que me fez conhecer a sua obra.

Já ouvira muito sobre você, mas nunca havia lido qualquer obra sua quando chegou até mim um minúsculo resumo de Memorial do convento. *O assunto (a palavra "convento" sempre me fascinou) me interessou, e eu comprei um exemplar.*

> Não vou comentar a respeito da força e do encantamento das suas histórias, porque você as conhece melhor do que eu e do que qualquer pessoa, assim você pode, certamente, adivinhar o efeito delas sobre as pessoas comuns, que não possuem o dom de encantar.
> Blimunda, Baltasar, Bartolomeu... todos eles iam transformando os meus estudos em diversão e poesia... muito mais que isso, realmente me ensinaram muitas coisas.
> Tomei contato com outros textos teus que também foram marcantes, em especial os do livro Terra.
> No fim do ano, vi que não apenas eu havia descoberto Saramago, trazendo-o para o meu mundo e, deixando me emocionar, aprendido com ele... o mundo inteiro também havia, e você "era" prêmio Nobel (isso dizia-se nos jornais, para mim você era muito mais). Eu saudei por cada palavra tua.
> Mas não escrevo para felicitar-te, isso faço internamente nas minhas leituras. Escrevo para agradecer por ensinar a mim muito mais do que a prova de literatura do exame de admissão poderá perguntar, e por isso ter tornado os meus estudos alimento para aquela parte do corpo, que confesso não saber que nome leva, onde fica escondida a nossa alma.
> Toda minha gratidão e carinho.

Num simples cartão-postal, com um desenho de um barco a navegar, estas potentes palavras:

> Mestre José Saramago,
> Passavam poucos minutos das 13h quando a minha filha que dá aulas em Aljustrel me telefonou lá do Alentejo aos gritos de alegria para me dar a notícia. Acredite que foi uma das maiores emoções da minha vida.

Estou feliz por todos nós, portugueses, por todos nós, seus leitores, mas, muito especialmente, pelo próprio premiado, autor de páginas que mexem com o mais fundo de nós mesmos. Páginas que nos encantam, nos interpelam, nos provocam, nos fazem refletir, nos obrigam a revoltar-nos, nos encantam de novo.
Tenho levado este ano, desde fevereiro, a lutar contra a morte. Penso tê-la afastado por mais algum tempo, embora ainda não esteja totalmente certa disso. As hipóteses, agora, são muito melhores.
Só lhe quero dizer que nunca fui para o hospital sem um livro seu a acompanhar-me e que, ao fazer o "balanço" do que tinha vivido, nos momentos em que esse balanço se faz, contei as horas de deslumbramento que os seus livros me proporcionaram. Parabéns e obrigada!
Um beijo à Pilar.
Outro para si.

Parece que não é só na obra de Saramago que as mulheres se destacam. A sua força e sensibilidade também aparecem nas cartas das leitoras:
Lisboa, 13 de outubro de 1998,
Caro sr. Saramago,
Estou a escrever-lhe porque não consigo controlar a vontade de lhe dar os parabéns. Pelo menos ter a sensação de lhe dar os parabéns, porque não tenho esperanças de que venha a ler esta carta. Há muito tempo que tenho vontade de lhe escrever, de lhe contar o que sinto ao ler os seus livros. Mas nunca me decidi. Venho a decidir-me numa altura em que o senhor está a receber, certamente, centenas de cartas por dia. Mas teve de ser. Sinto o peito apertado, cheio de coisas para dizer, que tinha de pôr por escrito, senão explodia. Deve ser o

que se chama ao inchaço provocado pelo orgulho. Acho que não ficaria mais contente se fosse algum familiar ou amigo meu a ganhar o Nobel. Parece quase que fui eu que ganhei. [...] Agora acho que estou apaixonada por si. Não é bem por si, não se assuste (que eu estou até para casar com uma pessoa que, por acaso, e ainda bem, também gosta muito de si). É por si como escritor, é, talvez, pela sua cabeça, é, principalmente, pelas suas palavras. Posso-lhe dizer que, apesar de adorar, profundamente, as suas histórias, e como as conta, não deixo de atingir as ideias que transmite, aquilo que quer dizer, as ironias... Deve ser muito agradável a sensação de saber que há pessoas que a gente não conhece, e nunca vai conhecer, que leem palavras escritas por nós, que sonham com coisas que nós inventamos, que gostam de nós. Pessoas de todo o mundo, de culturas diferentes até, como a China e o Japão. Pessoas que vão continuar a ouvir a nossa voz e as nossas palavras, dentro da cabeça, muito depois de termos morrido. Acho que é a imortalidade possível. [...]

Amanhã, vou ver se consigo assistir à homenagem que lhe vão fazer no CCB. Fazendo isso e mandando esta carta pode ser que o meu peito fique, então, mais aliviado.

Termino, finalmente, desejando-lhe muitas felicidades. Muitos parabéns pela sua/nossa vitória, e, principalmente, muito, muito obrigada.

Afinidades ideológicas também motivaram o envio de cartas:

Estremoz, 12 de outubro 1998
Escritor José Saramago
Em meu nome (e no da minha esposa, também entusiasmada), pessoalmente e como comunista, neste momento um tanto aborrecido

com o Partido Comunista (no qual voto...), e ainda como ateu, permita-me dar-lhe os meus PARABÉNS.

É com ansiedade que espero (esperamos) que no seu discurso em Estocolmo não se esqueça de denunciar a estupidez do mundo em que vivemos, dominado por um capitalismo desumano que agora se intitula "neoliberalismo" ou "sociedade de mercado" ou outros eufemismos! Mudam as moscas (às vezes nem essas)...
Um abraço.

Do Norte de Portugal, uma professora relata como recebeu a notícia:

S. João da Madeira, 8 de outubro 1998

A minha "fama" de admiradora da obra de José Saramago tinha-se alastrado. Eu não o sabia. Constatei-o quando, a meio de uma aula, alguém bate à porta e diz: "É para dizer que o José Saramago ganhou o prêmio Nobel".

O artigo definido e a não qualificação da pessoa que ganhava o Nobel acolchoaram-me o ouvido com um tom querido de familiaridade. Afinal tratava-se do José Saramago.

Eu ousara trabalhar com os meus alunos do 12º ano o Memorial do convento, eu teimava, em reuniões de professores, em elogiar as características textuais da escrita de Saramago, ousava, ousando, várias vezes.

Hoje, agora que acabei de receber a notícia, ouso escrever-lhe sem sequer saber para onde endereçar a carta, sem saber se será lida.

Hoje, os alunos, mesmo os mais novos, vão ficar a saber que José Saramago não é um nome, é uma obra: dir-lhes-ei carinhosamente...

Houve quem tenha agradecido ter ficado "de cama" no dia do anúncio:

Escritor José Saramago:
Estou muito feliz por lhe ter sido atribuído o prêmio Nobel!
Tive a "sorte" de estar de cama com gripe para poder ver a televisão espanhola (por quem soube) e portuguesa (aqui vê-se uma e outra), caso contrário o meu trabalho não me permitiria e teria visto e ouvido algumas coisas, mas não tudo.

Já o conhecia como um grande escritor! Li os seus livros Memorial do convento *e* O ano da morte de Ricardo Reis *e gostei muito. Muitos outros me têm passado pela mão (tenho uma pequena papelaria/livraria), mas sinceramente não tive ainda tempo para ler mais, o que sempre pensei fazer.*

Não podia deixar de lhe dizer que gostei muito de o ouvir em todas as suas declarações após lhe ter sido atribuído o grande prêmio e até fiquei comovida! Apreciei imenso a sua grande simplicidade e fico desde hoje a admirá-lo muito mais. Sensibilizou-me a pena que sentiu por não estar ao lado da sua mulher nesse momento e achei isso muito bonito!

Aliás, já vi depois fotos da sua mulher que achei lindíssima!

Digo-lhe mais, sou católica e não sou comunista, mas respeito as ideias das pessoas, nem penso nisso quando gosto delas. Os meus melhores amigos desde criança não eram católicos, eram contra o regime de Salazar, e eram as melhores pessoas do mundo.

Admiro as pessoas coerentes, fiéis aos seus ideais e que estão ao lado dos desfavorecidos.

Este foi um grande dia para mim! Os espanhóis estavam tão felizes como nós, gostei imenso.

Desculpe, mas senti necessidade de lhe dizer tudo isto e de o felicitar e à sua mulher desejando-vos muita saúde.
Parabéns, muitos parabéns.

Um médico pediatra de Vila Nova de Gaia escreve, nas folhas em que normalmente prescreve aos pacientes os medicamentos, o seguinte relato:
José Saramago
Esta é a quarta carta que lhe escrevo, mas a primeira que envio. Às anteriores faltou a coragem para o caminho. Achei, na altura, que não merecia ser incomodado com elogios a cada livro seu que eu acabava de ler.
Por três vezes escrevi, e depois de ler tudo aquilo, que era, creia, sincero, soava-me a graxa barata de leitor empertigado. Então, o destino dessas cartas foi o cesto de papéis.
Mas, desta vez, não. Era impossível não lhe falar. E logo agora, numa altura em que lhe devem chover em casa cartas aos milhões. Peço-lhe desculpa pela ousadia, mas as circunstâncias levam-me, desta vez, a não desistir.
Era de manhã, em Marraquexe, e eu passava no átrio do hotel em direção a uma sala de conferências. Nesse trajeto fui abordado por um colega italiano que, reparando no dístico "Portugal" que trazia no casaco, me dirigiu estas palavras: "Parabéns, Portugal. Parabéns pelo Nobel! Pelo Nobel de literatura!". Eu desconhecia a notícia, que tinha passado na véspera nas televisões. Perguntei-lhe quem tinha sido o premiado. "Isso não sei, não fixei o nome. Mas é português, seguramente." Emocionado, de imediato telefono para casa. Ouço a voz da minha filha: "Já sabes do Saramago, papá?". Cinco minutos

depois, eu e outros colegas bebíamos champanhe. Por si, pelo país, pela nossa literatura. Que emocionados e orgulhosos ficámos!

Depois comprámos jornais, queríamos saber pormenores, e lá encontrámos o Le Monde. *E depois todos comprámos jornais em árabe como recordação daquele dia. Claro que não percebíamos o texto, mas as suas fotos eram bem visíveis.* [...]

À noite falei sem conta nem medida de si, e dos seus livros, ao Philipe, um colega francês que ainda não o tinha lido. Resumi-lhe a Jangada, *o* Memorial, O Ricardo Reis, *falhei-lhe da sua forma particular de escrever e, quando dei por mim, já lhe tinha resumido os* Cadernos de Lanzarote... *Ele ouviu-me interessado e prometeu-me ler um livro seu quando chegasse a França — com a condição de que eu lesse* Notre--Dame de Paris, *de Victor Hugo. Concordei. Pela minha parte já comprei o livro e aproveitei para enviar para o Philipe uma edição francesa da* Jangada, *não vá ele esquecer-se do acordo...*

A minha emoção, e da minha família, acredite, é enorme.

Daqui o abraçamos, agradecidos, por si e por quantos outros, antes de si, nos têm proporcionado o prazer da leitura, da reflexão, da aprendizagem... e da leitura de histórias à noite, às minhas filhas.

Sempre gostámos de ser portugueses. Agora gostamos ainda mais.

Tínhamos escritores. Agora, temos literatura.

Obrigado, José Saramago.

No dia 10 de dezembro, após assistir pela televisão à entrega do prêmio Nobel, uma leitora portuguesa redigiu a seguinte carta:

Pardilhó, 10 de dezembro de 1998
Caro José Saramago,

Há dois meses atrás, a 8 de outubro, encontrava-me por acaso no Porto a almoçar num pequeno café. A televisão estava ligada e transmitia o telejornal das 13 horas. Como estava sozinha, ia ouvindo os sons que surgiam à minha volta. De repente ouvi umas palavras dizendo que José Saramago tinha ganho o prémio Nobel de literatura. Nem queria acreditar, até porque nem sabia que estava na altura dessa divulgação. Tentei perceber melhor, tomei atenção e realmente confirmei: era verdade! Eu que sou tão tímida dei por mim a comentar para um casal duma mesa ao lado: "Finalmente!". A senhora respondeu-me: "Diz bem, finalmente". O seu acompanhante não disse nada. Fiquei excitadíssima, nervosa, e é claro que não consegui comer nada. Paguei e saí para a rua.

Dei por mim quase aos saltos, de sorriso estampado no rosto, fazendo voltas no ar, como os miúdos quando vêm da escola, um saco com Todos os nomes *lá dentro, entre outras coisas. Não me espantaria se alguém me interpelasse perguntando-me qual o motivo do meu entusiasmo. Apetecia-me parar toda a gente que se cruzava comigo e dar-lhes ou relembrar-lhes a boa-nova. Mas não o fiz. Ainda continuo muito comedida nos meus gestos. [...]*

Percebo perfeitamente quando as pessoas dizem que foi como se recebessem elas o prémio. Foi assim que me senti [...]

Hoje, nesta memorável quinta-feira, por acaso em férias, na minha aldeia natal, banhada pela ria de Aveiro, não me cansei de ouvir na rádio, de ver na televisão, tudo sobre o Nobel, sobre Saramago, sobre a sua vida e a sua obra. Hoje embriaguei-me de Saramago.

Foram também várias as dezenas de cartas de portugueses emigrados a celebrarem o prêmio e a falarem do orgulho que sentiram com a notícia:

Loughborough, 8 de outubro de 1998
Caro José Saramago,
Somos portugueses (alentejanos) mas vivemos em Inglaterra há dois anos. Estamos cá a frequentar um curso de doutoramento em economia na Universidade de Loughborough.
Como deve calcular, a vida em Inglaterra não é das mais agradáveis. As pessoas são polite, *mas não mais do que isso, o clima é péssimo e a gastronomia deixa qualquer ser humano deprimido.*
Apesar disto tudo, há dias muito felizes aqui por estes lados. Por exemplo, quando, ao abrir o correio eletrónico, há dezenas de mensagens a dizer que o José Saramago ganhou o prémio Nobel de literatura.
Nem imagina a felicidade que esta notícia nos provocou. Deu-nos uma tarde de férias!
Depois de sabermos do prémio ficámos num estado tal de exaltação que foi impossível ter mais um minuto de concentração para trabalhar.
Muito obrigado por ter ganho o prémio e por escrever como escreve.

De Paris, outra leitora:
Muito prezado sr. José Saramago,
Hoje, como sempre, estava a ouvir as notícias. Saiu-me da garganta um grito louco de alegria quando ouvi o seu nome para o prémio Nobel de literatura! Até abri uma garrafa de champanhe! Ainda me custa a acreditar, por enquanto... Acabei há dois dias de ler O ano da morte de Ricardo Reis, *e, como sempre que leio uma obra sua, fiquei apavorada com o seu génio... para uma amante da literatura como sou, foi a melhor notícia deste ano. E como portuguesa "exilada" é um grande motivo de orgulho.*

Acho que nunca um prémio Nobel de literatura foi tão merecido! Obrigado por tão bem representar a nossa cultura. O seu talento, hoje mundialmente conhecido, vai dar uma nova imagem do nosso povo espalhado pelo mundo e que, muitas vezes, sofreu do desprezo e da ignorância dos outros.

Em meu nome próprio e em nome da equipa da [ilegível] em Paris, receba os nossos sinceros parabéns.

Do México, uma professora da Universidade Ibero-Americana envia esta mensagem:

Muito estimado, admirado e querido sr. Saramago,

Não pode imaginar a enorme, incomensurável emoção que vivi ao receber, na quinta-feira pela manhã, a maravilhosa notícia de que finalmente lhe outorgaram o prêmio Nobel. Foi algo indescritível. Brindei, ri, chorei e finalmente comecei a telefonar a colegas, amigos, alunos e conhecidos para comentar e celebrar o acontecimento. Posso dizer-lhe que foi um dos dias mais felizes da minha vida. [...] Todos aqui no México (disso dá fé tanto a imprensa como as publicações especializadas) não só estamos contentes mas também em total estado de exaltação por este ato que nos devolve a fé no reconhecimento e na justiça em relação ao grande homem e homem de letras que você é.

Com enorme afeto e admiração.

Uma menina de sete anos escreve, com uma letra de quem ainda não domina bem a arte da caligrafia, para dizer que embora o seu avô seja grande fã do novo Nobel, ela ainda não leu nenhum dos seus livros. "Ainda não sei ler muito bem", explica.

Setúbal, 14 de Outubro de 1998

José Saramago:

Sou uma mulher com 63 anos de idade e ao longo deste já longo percurso da minha vida admirei e li algumas obras suas e foi portanto sem qualquer admiração e surpresa que tive conhecimento da atribuição do Prémio Nobel' agora atribuído. Foi muito bem entregue a alguém que inteiramente o merecia.

Lembro-me que já há alguns anos quando regressava de umas férias de Palma de Maiorca o Sr. cedeu-me o seu lugar para que eu ficasse ao pé do meu marido. Lembro-me que se fazia acompanhar no avião do saudoso escritor, David Mourão Ferreira. Foi um gesto que jamais esqueci e recordo sempre a sua gentileza.

Através desta missiva envio as minhas sinceras felicitações formulando votos para que continue a proporcionar-nos boas leituras que nos dão momentos bons na vida... e grande reflexão.

Sou com muito carinho,
Simone Rocha Pinto Oliveira

R. Camilo Castelo Branco, 167, 1º, esq.
Setúbal. Portugal

Foram milhares de mensagens de personalidades da política e da cultura, de amigos e de leitores anônimos que chegaram à casa de José Saramago após o prêmio Nobel.

LISBOA
9-10-98

Ao ESCRITOR
JOSÉ SARAMAGO:

As nossas felicitações pelo prémio justo alcançado! Foi um grande contentamento e um dia de muita alegria, que compartilhamos, minha mulher e eu, ao saber da grande notícia!
UM ESCRITOR que há muito merecia que lhe fizessem justiça ao nível dum NOBEL!
PARABENS por isso! Os portugueses cresceram, projectaram-se, vão ser mais conhecidos, os portugueses estão mais ricos...
Talvez um pouco tardiamente... mas chegou finalmente a apreciação e a confirmação universal dum valor incontestável, dum português de alma e coração!
A consagração, seja ela dirigida a quem for, é sempre um reconhecimento de um valor que fica registado na memória de todos, gostem ou não da coisa grada!
Foi redobrada a alegria, pelo prémio ter recaído num escritor de língua portuguesa! Que BOM -- e que nos orgulha a todos!!

Bem haja José Saramago

vs seus incondicionais admiradores
MARIA ELISA MONTANO
ANTONIO MONTANO
(um cristomaníaco que nada tem a haver)
(com a IGREJA CATOLICA.

MAIS UMA VEZ, OBRIGADO.

As cartas que o escritor recebeu naquele ano de 1998 estão guardadas na Fundação José Saramago, em Lisboa.

8 de outubro de 1998

Parabéns, José Saramago!

Obrigada;

Até ao próximo livro!

Idalina

Ao lado de mensagens que ocupam várias páginas, algumas singelas como esta.

Cascais, 10 de Dezembro de 1998

Senhor esDrutor José Saramago,

Eu sou a Carolina Albergaria e tenho 7 anos e estive a ver na casa do meu avô na televisão o senhor a receber o prémio Nobel da literatura e fiquei muito contente.

Eu ainda não sei ler muito bem e por isso nunca li um dos seus livros.

Mas o meu avô Marcel gosta muito dos seus livros.

E por isso fiquei muito contente e fiz um desenho que vando numa carta para o senhor

com um grande beijinho

Carolina

*"Eu ainda não sei ler muito bem e por isso nunca li um livro seu",
justifica-se a menina de sete anos.*

Papéis de Estocolmo

"Não me limitarei a falar de literatura. Aliás, é o que nunca me acontece", respondeu José Saramago quando perguntado sobre como seria o seu discurso diante da Academia Sueca. Se na intervenção do dia 7 de dezembro o escritor português se centrou na sua trajetória (de vida) literária e nos personagens que o acompanharam durante esse percurso, no banquete do Nobel, quando lhe foi dada a palavra, achou oportuno falar sobre a situação em que se encontrava o mundo. "As injustiças multiplicam-se, as desigualdades agravam-se, a ignorância cresce, a miséria alastra", disse. "Chega-se mais facilmente a Marte do que ao nosso próprio semelhante."

Nesta seção, em forma de encerramento, aos dois discursos proferidos em Estocolmo juntam-se a justificação da Academia Sueca para a atribuição do galardão a José Saramago e o diário que Pilar del Río escreveu, para um jornal português, durante os dias em que o casal esteve na capital sueca para a entrega do prêmio.

Comunicado da Academia Sueca

"que, com parábolas portadoras de imaginação, compaixão e ironia torna constantemente compreensível uma realidade fugidia"

O português José Saramago faz 76 anos de idade em novembro. É um prosador oriundo da classe trabalhadora que só atingiu a celebridade quando cumpriu os sessenta anos. Desde então alcançou a notoriedade e tem visto a sua obra ser frequentemente traduzida. Vive presentemente nas ilhas Canárias.

Manual de pintura e caligrafia, um romance que saiu em 1977, ajuda-nos a entender o que viria a acontecer mais tarde. No fundo, trata-se do nascimento de um artista, tanto o do pintor quanto o do escritor. O livro pode, em grande parte, ser lido como uma autobiografia, mas, na sua intensidade, encerra também o tema do amor, assuntos de natureza ética, impressões de viagens e reflexões sobre a relação entre o indivíduo e a sociedade. A libertação alcançada com a queda do regime salazarista transforma-se numa imagem final portadora de abertura.

Memorial do convento, de 1982, é o romance que o vai tornar célebre. É um texto multifacetado e plurissignificativo que tem, ao mesmo tempo, uma perspectiva histórica, social e individual. A inteligência e a riqueza de imaginação aqui expressadas caracterizam, de uma maneira geral, a obra saramaguiana. A ópera *Blimunda*, do compositor italiano Azio Corghi, baseia-se neste romance.

O ano da morte de Ricardo Reis, publicado em 1984, é um dos pontos altos da sua produção literária. A ação passa-se formalmente em Lisboa no ano de 1936, em plena ditadura, mas possui um ambiente de irrealidade superiormente evocado. Este ambiente de irrealidade é acentuado pelas repetidas visitas do falecido poeta Fernando Pessoa a casa da personagem principal (que é extraída da produção pessoana) e das suas conversas sobre os condicionalismos da existência humana. Juntos deixam o Mundo após o seu último encontro.

Em *A jangada de pedra*, publicada em 1986, o escritor recorre a um estratagema típico. Uma série de acontecimentos sobrenaturais culmina na separação da Península Ibérica que começa a vogar no Atlântico, inicialmente em direção aos Açores. A situação criada por Saramago dá-lhe um sem-número de oportunidades para, no seu estilo muito pessoal, tecer comentários sobre as grandezas e pequenezas da vida, ironizar sobre as autoridades e os políticos e, talvez muito especialmente, com os atores dos jogos de poder na alta política. O engenho de Saramago está ao serviço da sabedoria.

Existem todas as razões para também mencionar *História do cerco de Lisboa*, de 1989, um romance sobre um romance. A história nasce da obstinação de um revisor ao acrescentar um não, um estratagema que dá ao acontecimento histórico um percurso diferente e, ao mesmo tempo, oferece ao autor um campo livre à sua grande imaginação e alegria narrativa, sem o impedir de ir ao fundo das questões.

O *Evangelho segundo Jesus Cristo*, de 1991, romance sobre a vida de Jesus, encerra, na sua franqueza, reflexões merecedoras de atenção sobre grandes questões. Deus e o Diabo negoceiam sobre o Mal. Jesus contesta o seu papel e desafia Deus.

Um dos romances destes últimos anos aumenta consideravelmente a estatura literária de Saramago. É publicado em 1995 e tem como título *Ensaio sobre a cegueira*. O autor omnisciente leva-nos numa horrenda viagem através da interface que é formada pelas perceções do ser humano e pelas camadas espirituais da civilização. A riqueza efabulatória, excentricidades e agudeza de espírito encontram a sua expressão máxima, de uma forma absurda, nesta obra cativante. "Queres que te diga o que penso, Diz, Penso que não cegámos, penso que estamos cegos, Cegos que veem, cegos que, vendo, não veem."

O último dos seus romances, *Todos os nomes*, sairá este outono, em tradução sueca. Trata-se de uma história sobre um pequeno funcionário público da Conservatória dos Registos Centrais de dimensões quase metafísicas. Ele fica obcecado por um dos nomes e segue a sua pista até ao seu trágico final.

A arte romanesca multifacetada e obstinadamente criada por Saramago confere-lhe um alto estatuto. Em toda a sua independência Saramago invoca a tradição que, de algum modo, no contexto atual, pode ser classificada de radical. A sua obra literária apresenta-se como uma série de projetos onde um, mais ou menos, desaprova o outro, mas onde todos representam novas tentativas de se aproximarem da realidade fugidia.

Discursos de Estocolmo

**Discurso pronunciado na Academia Sueca
7 de dezembro de 1998
De como a personagem foi mestre e o autor seu aprendiz**
O homem mais sábio que conheci em toda a minha vida não sabia ler nem escrever. Às quatro da madrugada, quando a promessa de um novo dia ainda vinha em terras de França, levantava-se da enxerga e saía para o campo, levando ao pasto a meia dúzia de porcas de cuja fertilidade se alimentavam ele e a mulher. Viviam desta escassez os meus avós maternos, da pequena criação de porcos que, depois do desmame, eram vendidos aos vizinhos da aldeia, Azinhaga de seu nome, na província do Ribatejo. Chamavam-se Jerónimo Melrinho e Josefa Caixinha esses avós, e eram analfabetos um e outro. No inverno, quando o frio da noite apertava ao ponto de a água dos cântaros gelar dentro da casa, iam buscar às pocilgas os bácoros mais débeis e levavam-nos para a sua cama. Debaixo das mantas grosseiras, o calor dos humanos livrava os animaizinhos do enregelamento e salvava-os de uma morte certa. Ainda que fossem gente de bom carácter, não era por primores de alma compassiva que os dois velhos assim procediam: o que os preocupava, sem sentimen-

talismos nem retóricas, era proteger o seu ganha-pão, com a naturalidade de quem, para manter a vida, não aprendeu a pensar mais do que o indispensável. Ajudei muitas vezes este meu avô Jerónimo nas suas andanças de pastor, cavei muitas vezes a terra do quintal anexo à casa e cortei lenha para o lume, muitas vezes, dando voltas e voltas à grande roda de ferro que acionava a bomba, fiz subir a água do poço comunitário e a transportei ao ombro, muitas vezes, às escondidas dos guardas das searas, fui com a minha avó, também pela madrugada, munidos de ancinho, panal e corda, a recolher nos restolhos a palha solta que depois haveria de servir para a cama do gado. E algumas vezes, em noites quentes de verão, depois da ceia, meu avô me disse: "José, hoje vamos dormir os dois debaixo da figueira". Havia outras duas figueiras, mas aquela, certamente por ser a maior, por ser a mais antiga, por ser a de sempre, era, para todas as pessoas de casa, a figueira. Mais ou menos por antonomásia, palavra erudita que só muitos anos depois viria a conhecer e a saber o que significava... No meio da paz noturna, entre os ramos altos da árvore, uma estrela aparecia-me, e depois, lentamente, escondia-se por trás de uma folha, e, olhando eu noutra direção, tal como um rio correndo em silêncio pelo céu côncavo, surgia a claridade opalescente da Via Láctea, o Caminho de Santiago, como ainda lhe chamávamos na aldeia. Enquanto o sono não chegava, a noite povoava-se com as histórias e os casos que o meu avô ia contando: lendas, aparições, assombros, episódios singulares, mortes antigas, zaragatas de pau e pedra, palavras de antepassados, um incansável rumor de memórias que me mantinha desperto, ao mesmo tempo que suavemente me acalentava. Nunca pude saber se ele se calava quando se apercebia de que eu tinha adormecido, ou se continuava a falar para não deixar em meio a resposta à pergunta que invariavelmente lhe fazia nas pausas mais demoradas que ele calculadamente metia no relato: "E depois?". Talvez repetisse as histórias para si próprio, quer fosse para não as esquecer quer fosse para as enriquecer com peripécias novas. Naquela idade minha e naquele tempo de nós todos, nem será preciso dizer que eu imaginava que o meu avô Jerónimo era senhor de toda a ciência do mundo. Quando, à primeira luz da manhã, o canto dos pássaros me despertava, ele já não estava ali, tinha saído para o campo com os seus animais, deixando-me a dormir. Então levantava-me, dobrava a manta e, descalço (na aldeia andei sempre descalço até aos catorze anos), ainda com palhas agarradas ao cabelo, passava da parte cultivada do quintal para a outra onde se encontravam as pocilgas, ao lado da casa. Minha avó, já a pé antes do meu avô, punha-me na frente uma grande tigela de café com pedaços de pão e perguntava-me se tinha dormido bem. Se eu lhe contava algum mau sonho nascido das histórias do avô, ela sempre me tranquilizava: "Não faças caso, em sonhos não há firmeza". Pensava então que a minha avó, embora fosse também uma mulher muito sábia, não alcançava as alturas do meu avô, esse que, deitado debaixo da figueira, tendo ao lado o neto José, era capaz de pôr o universo em movimento apenas com duas palavras. Foi só muitos anos depois, quando o meu avô já se tinha ido deste mundo e eu era um homem-feito, que vim a compreender que a avó, afinal, também acreditava em sonhos. Outra coisa não poderia significar que, estando ela sentada, uma noite, à porta da sua pobre casa, onde então vivia sozinha, a olhar as estrelas maiores e menores por cima da sua cabeça, tivesse dito estas palavras: "O mundo é tão bonito, e eu tenho tanta pena de morrer". Não disse medo de morrer, disse pena de morrer, como se a vida de contínuo e pesado trabalho que tinha sido a sua estivesse, naquele momento quase final, a receber a graça de uma suprema e derradeira despedida, a consolação da beleza revelada. Estava sentada à porta de uma casa como não creio que tenha havido alguma outra no mundo porque nela viveu gente capaz de dormir com porcos como se fossem os seus próprios filhos, gente que tinha pena de ir-se da vida só porque o mundo era bonito, gente, e este foi o meu avô Jerónimo, pastor e contador de histórias, que, ao pressentir que a morte o vinha buscar, foi despedir-se das árvores do seu quintal, uma por uma, abraçando-se a elas e chorando porque sabia que não as tornaria a ver.

Muitos anos depois, escrevendo pela primeira vez sobre este meu avô Jerónimo e sobre esta minha avó Josefa (faltou-me dizer que ela tinha sido, no dizer de quantos a conheceram quando rapariga, de uma formosura invulgar), tive consciência de que estava a transformar as pessoas comuns que eles haviam sido em personagens literários e que essa era, provavelmente, a maneira de não os esquecer, desenhando e tornando a desenhar os seus rostos com o lápis sempre cambiante da recordação, colorindo e iluminando a monotonia de um quotidiano baço e sem horizontes, como quem vai recriando, por cima do instável mapa da memória, a irrealidade sobrenatural do país em que decidiu passar a viver. A mesma atitude de espírito que, depois de haver evocado a fascinante e enigmática figura de um certo bisavô berbere, me levaria a descrever mais ou menos nestes termos um velho retrato (hoje já com quase oitenta anos) onde os meus pais aparecem: "Estão os dois de pé, belos e jovens, de frente para o fotógrafo, mostrando no rosto uma expressão de solene gravidade que é talvez temor diante da câmara, no instante em que a objetiva vai fixar, de um e de outro, a imagem que nunca mais tornarão a ter, porque o dia seguinte será implacavelmente outro dia... Minha mãe apoia o cotovelo direito numa alta coluna e segura na mão esquerda, caída ao longo do corpo, uma flor. Meu pai passa o braço por trás das costas de minha mãe e a sua mão calosa aparece sobre o ombro dela como uma asa. Ambos pisam acanhados um tapete de ramagens. A tela que serve de fundo postiço ao retrato mostra umas difusas e incongruentes arquiteturas neoclássicas". E terminava: "Um dia tinha de chegar em que contaria estas coisas. Nada disto tem importância, a não ser para mim. Um avô berbere, vindo do Norte de África, um outro avô pastor de porcos, uma avó maravilhosamente bela, uns pais graves e formosos, uma flor num retrato — que outra genealogia pode importar-me?, a que melhor árvore me encostaria?".

Escrevi estas palavras há quase trinta anos, sem outra intenção que não fosse reconstituir e registar instantes da vida das pessoas que me geraram e que mais perto de mim estiveram, pensando que nada mais precisaria de explicar para que se soubesse de onde venho e de que materiais se fez a pessoa que comecei por ser e esta em que pouco a pouco me vim tornando. Afinal, estava enganado, a biologia não determina tudo, e, quanto à genética, muito misteriosos deverão ter sido os seus caminhos para terem dado uma volta tão larga... À minha árvore genealógica (perdoe-se-me a presunção de a designar assim, sendo tão minguada a substância da sua seiva) não faltavam apenas alguns daqueles ramos que o tempo e os sucessivos encontros da vida vão fazendo romper do tronco central, também lhe faltava quem ajudasse as suas raízes a penetrar até às camadas subterrâneas mais fundas, quem apurasse a consistência e o sabor dos seus frutos, quem ampliasse e robustecesse a sua copa para fazer dela abrigo de aves migrantes e amparo de ninhos. Ao pintar os meus pais e os meus avós com tintas de literatura, transformando-os, de simples pessoas de carne e osso que haviam sido, em personagens novamente e de outro modo construtoras da minha vida, estava, sem o perceber, a traçar o caminho por onde as personagens que viesse a inventar, as outras, as efetivamente literárias, iriam fabricar e trazer-me os materiais e as ferramentas que, finalmente, no bom e no menos bom, no bastante e no insuficiente, no ganho e no perdido, naquilo que é defeito mas também naquilo que é excesso, acabariam por fazer de mim a pessoa em que hoje me reconheço: criador dessas personagens, mas, ao mesmo tempo, criatura delas. Em certo sentido poder-se-á mesmo dizer que, letra a letra, palavra a palavra, página a página, livro a livro, tenho vindo, sucessivamente, a implantar no homem que fui as personagens que criei. Creio que, sem elas, não seria a pessoa que hoje sou, sem elas talvez a minha vida não tivesse logrado ser mais do que um esboço impreciso, uma promessa como tantas outras que de promessa não conseguiram passar, a existência de alguém que talvez pudesse ter sido e afinal não tinha chegado a ser.

Agora sou capaz de ver com clareza quem foram os meus mestres de vida, os que mais intensamente me ensinaram o duro ofício de viver, essas dezenas de personagens de romance e de teatro que neste momento vejo desfilar diante dos meus olhos, esses homens e essas mulheres feitos de papel e tinta, essa gente que eu acreditava ir guiando de acordo com as minhas conveniências de narrador e obedecendo à minha vontade de autor, como títeres articulados cujas ações não pudessem ter mais efeito em mim que o peso suportado e a tensão dos fios com que os movia. Desses mestres, o primeiro foi, sem dúvida, um medíocre pintor de retratos que designei simplesmente pela letra H, protagonista de uma história a que creio razoável chamar de dupla iniciação (a dele, mas também, de algum modo, do autor do livro), intitulada *Manual de pintura e caligrafia*, que me ensinou a honradez elementar de reconhecer e acatar, sem ressentimento nem frustração, os meus próprios limites: não podendo nem ambicionando aventurar-me para além do meu pequeno terreno de cultivo, restava-me a possibilidade de cavar para o fundo, para baixo, na direção das raízes. As minhas, mas também as do mundo, se podia permitir-me uma ambição tão desmedida. Não me compete a mim, claro está, avaliar o mérito dos esforços feitos, mas creio ser hoje patente que todo o meu trabalho, de aí para diante, obedeceu a esse propósito e a esse princípio.

 Vieram depois os homens e as mulheres do Alentejo, aquela mesma irmandade de condenados da terra a que pertenceram o meu avô Jerónimo e a minha avó Josefa, camponeses rudes obrigados a alugar a força dos braços a troco de um salário e de condições de trabalho que só mereceriam o nome de infames, cobrando por menos que nada a vida a que os seres cultos e civilizados que nos prezamos de ser apreciamos chamar, segundo as ocasiões, preciosa, sagrada ou sublime. Gente popular que conheci, enganada por uma Igreja tão cúmplice como beneficiária do poder do Estado e dos terratenentes latifundistas, gente permanentemente vigiada pela polícia, gente quantas e quantas vezes vítima inocente das arbitrariedades de uma justiça falsa. Três gerações de uma família de camponeses, os Mau-Tempo, desde o começo do século até à Revolução de Abril de 1974 que derrubou a ditadura, passam nesse romance a que dei o título de *Levantado do chão*, e foi com tais homens e mulheres do chão levantados, pessoas reais primeiro, figuras de ficção depois, que aprendi a ser paciente, a confiar e a entregar-me ao tempo, a esse tempo que simultaneamente nos vai construindo e destruindo para de novo nos construir e outra vez nos destruir. Só não tenho a certeza de haver assimilado de maneira satisfatória aquilo que a dureza das experiências tornou virtude nessas mulheres e nesses homens: uma atitude naturalmente estoica perante a vida. Tendo em conta, porém, que a lição recebida, passados mais de vinte anos, ainda permanece intacta no meu espírito como uma insistente convocatória, não perdi, até agora, a esperança de me vir a tornar um pouco mais merecedor da grandeza dos exemplos de dignidade que me foram propostos na imensidão das planícies do Alentejo. O tempo o dirá.

Que outras lições poderia eu receber de um português que viveu no século xvi, que compôs as *Rimas* e as glórias, os naufrágios e os desencantos pátrios de *Os lusíadas*, que foi um génio poético absoluto, o maior da nossa literatura, por muito que isso pese a Fernando Pessoa, que a si mesmo se proclamou como o Super-Camões dela? Nenhuma lição que estivesse à minha medida, nenhuma lição que eu fosse capaz de aprender, salvo a mais simples que me poderia ser oferecida pelo homem Luís Vaz de Camões na sua estreme humanidade, por exemplo, a humildade orgulhosa de um autor que vai chamando a todas as portas à procura de quem esteja disposto a publicar-lhe o livro que escreveu, sofrendo por isso o desprezo dos ignorantes de sangue e de casta, a indiferença desdenhosa de um rei e da sua companhia de poderosos, o escárnio com que desde sempre o mundo tem recebido a visita dos poetas, dos visionários e dos loucos. Ao menos uma vez na vida, todos os autores tiveram ou terão de ser Luís de Camões, mesmo se não escreverem as redondilhas de "Sôbolos rios"... Entre fidalgos da corte e censores do Santo Ofício, entre os amores de antanho e as desilusões da velhice prematura, entre a dor de escrever e a alegria de ter escrito, foi a este homem doente que regressa pobre da Índia, aonde muitos só iam para enriquecer, foi a este soldado cego de um olho e golpeado na alma, foi a este sedutor sem fortuna que não voltará nunca mais a perturbar os sentidos das damas do paço, que eu pus a viver no palco da peça de teatro chamada *Que farei com este livro?*, em cujo final ecoa uma outra pergunta, aquela que importa verdadeiramente, aquela que nunca saberemos se alguma vez chegará a ter resposta suficiente: "Que fareis com este livro?" Humildade orgulhosa, foi essa de levar debaixo do braço uma obra-prima e ver-se injustamente enjeitado pelo mundo. Humildade orgulhosa também, e obstinada, esta de querer saber para que irão servir amanhã os livros que andamos a escrever hoje, e logo duvidar que consigam perdurar longamente (até quando?) as razões tranquilizadoras que acaso nos estejam a ser dadas ou que estejamos a dar a nós próprios. Ninguém melhor se engana que quando consente que o enganem os outros...

Aproximam-se agora um homem que deixou a mão esquerda na guerra e uma mulher que veio ao mundo com o misterioso poder de ver o que há por trás da pele das pessoas. Ele chama-se Baltasar Mateus e tem a alcunha de Sete-Sóis, a ela conhecem-na pelo nome de Blimunda, e também pelo apodo de Sete-Luas que lhe foi acrescentado depois, porque está escrito que onde haja um sol terá de haver uma lua, e que só a presença conjunta e harmoniosa de um e do outro tornará habitável, pelo amor, a terra. Aproxima-se também um padre jesuíta chamado Bartolomeu que inventou uma máquina capaz de subir ao céu e voar sem outro combustível que não seja a vontade humana, essa que, segundo se vem dizendo, tudo pode, mas que não pôde, ou não soube, ou não quis, até hoje, ser o sol e a lua da simples bondade ou do ainda mais simples respeito. São três loucos portugueses do século XVIII, num tempo e num país onde floresceram as superstições e as fogueiras da Inquisição, onde a vaidade e a megalomania de um rei fizeram erguer um convento, um palácio e uma basílica que haveriam de assombrar o mundo exterior, no caso pouco provável de esse mundo ter olhos bastantes para ver Portugal, tal como sabemos que os tinha Blimunda para ver o que escondido estava... E também se aproxima uma multidão de milhares e milhares de homens com as mãos sujas e calosas, com o corpo exausto de haver levantado, durante anos a fio, pedra a pedra, os muros implacáveis do convento, as salas enormes do palácio, as colunas e as pilastras, as aéreas torres sineiras, a cúpula da basílica suspensa sobre o vazio. Os sons que estamos a ouvir são do cravo de Domenico Scarlatti, que não sabe se deve rir ou chorar... Esta é a história de *Memorial do convento*, um livro em que o aprendiz de autor, graças ao que lhe vinha sendo ensinado desde o antigo tempo dos seus avós Jerónimo e Josefa, já conseguiu escrever palavras como estas, donde não está ausente alguma poesia: "Além da conversa das mulheres, são os sonhos que seguram o mundo na sua órbita. Mas são também os sonhos que lhe fazem uma coroa de luas, por isso o céu é o resplendor que há dentro da cabeça dos homens, se não é a cabeça dos homens o próprio e único céu". Que assim seja.

De lições de poesia sabia já alguma coisa o adolescente, aprendidas nos seus livros de texto quando, numa escola de ensino profissional de Lisboa, andava a preparar-se para o ofício que exerceu no começo da sua vida de trabalho: o de serralheiro mecânico. Teve também bons mestres da arte poética nas longas horas noturnas que passou em bibliotecas públicas, lendo ao acaso de encontros e de catálogos, sem orientação, sem alguém que o aconselhasse, com o mesmo assombro criador do navegante que vai inventando cada lugar que descobre. Mas foi na biblioteca da escola industrial que *O ano da morte de Ricardo Reis* começou a ser escrito... Ali encontrou um dia o jovem aprendiz de serralheiro (teria então dezassete anos) uma revista — *Atena* era o título — em que havia poemas assinados com aquele nome e, naturalmente, sendo tão mau conhecedor da cartografia literária do seu país, pensou que existia em Portugal um poeta que se chamava assim: Ricardo Reis. Não tardou muito tempo, porém, a saber que o poeta propriamente dito tinha sido um tal Fernando Nogueira Pessoa que assinava poemas com nomes de poetas inexistentes nascidos na sua cabeça e a que chamava heterónimos, palavra que não constava dos dicionários da época, por isso custou tanto trabalho ao aprendiz de letras saber o que significava. Aprendeu de cor muitos poemas de Ricardo Reis ("Para ser grande sê inteiro/ Põe quanto és no mínimo que fazes"), mas não podia resignar-se, apesar de tão novo e ignorante, a que um espírito superior tivesse podido conceber, sem remorso, este verso cruel: "Sábio é o que se contenta com o espetáculo do mundo". Muito, muito tempo depois, o aprendiz, já de cabelos brancos e um pouco mais sábio das suas próprias sabedorias, atreveu-se a escrever um romance para mostrar ao poeta das Odes alguma coisa do que era o espetáculo do mundo nesse ano de 1936 em que o tinha posto a viver os seus últimos dias: a ocupação da Renânia pelo exército nazista, a guerra de Franco contra a República espanhola, a criação por Salazar das milícias fascistas portuguesas. Foi como se estivesse a dizer-lhe: "Eis o espetáculo do mundo, meu poeta das amarguras serenas e do ceticismo elegante. Desfruta, goza, contempla, já que estar sentado é a tua sabedoria...".

O ano da morte de Ricardo Reis terminava com umas palavras melancólicas: "Aqui, onde o mar se acabou e a terra espera". Portanto, não haveria mais descobrimentos para Portugal, apenas como destino uma espera infinita de futuros nem ao menos imagináveis: só o fado do costume, a saudade de sempre, e pouco mais... Foi então que o aprendiz imaginou que talvez houvesse ainda uma maneira de tornar a lançar os barcos à água, por exemplo, mover a própria terra e pô-la a navegar pelo mar fora. Fruto imediato do ressentimento coletivo português pelos desdéns históricos da Europa (mais exato seria dizer fruto de um meu ressentimento pessoal...), o romance que então escrevi — *A jangada de pedra* — separou do continente europeu toda a Península Ibérica para a transformar numa grande ilha flutuante, movendo-se sem remos, nem velas, nem hélices em direção ao Sul do mundo, "massa de pedra e terra, coberta de cidades, aldeias, rios, bosques, fábricas, matos bravios, campos cultivados, com a sua gente e os seus animais", a caminho de uma utopia nova: o encontro cultural dos povos peninsulares com os povos do outro lado do Atlântico, desafiando assim, a tanto a minha estratégia se atreveu, o domínio sufocante que os Estados Unidos da América do Norte vêm exercendo naquelas paragens... Uma visão duas vezes utópica entenderia esta ficção política como uma metáfora muito mais generosa e humana: que a Europa, toda ela, deverá deslocar-se para o Sul, a fim de, em desconto dos seus abusos colonialistas antigos e modernos, ajudar a equilibrar o mundo. Isto é, Europa finalmente como ética. As personagens de *A jangada de pedra* — duas mulheres, três homens e um cão — viajam incansavelmente através da península enquanto ela vai sulcando o oceano. O mundo está a mudar e eles sabem que devem procurar em si mesmos as pessoas novas em que irão tornar-se (sem esquecer o cão, que não é um cão como os outros...). Isso lhes basta.

    Lembrou-se então o aprendiz de que em tempos da sua vida havia feito algumas revisões de provas de livros e que se em *A jangada de pedra* tinha, por assim dizer, revisado o futuro, não estaria mal que revisasse agora o passado, inventando um romance que se chamaria *História do cerco de Lisboa*, no qual um revisor, revendo um livro do mesmo título, mas de história, e cansado de ver como a dita história cada vez é menos capaz de surpreender, decide pôr no lugar de um "sim" um "não", subvertendo a autoridade das "verdades históricas". Raimundo Silva, assim se chama o revisor, é um homem simples, vulgar, que só se distingue da maioria por acreditar que todas as coisas têm o seu lado visível e o seu lado invisível e que não saberemos nada delas enquanto não lhes tivermos dado a volta completa. Disso precisamente se trata numa conversa que ele tem com o historiador. Assim: "Recordo-lhe que os revisores já viram muito de literatura e vida, O meu livro, recordo-lhe eu, é de história, Não sendo propósito meu apontar outras contradições, senhor doutor, em minha opinião tudo quanto não for vida é literatura, A história também, A história sobretudo, sem querer ofender, E a pintura, e a música, A música anda a resistir desde que nasceu, ora vai, ora vem, quer livrar-se da palavra, suponho que por inveja, mas regressa sempre à obediência, E a pintura, Ora, a pintura não é mais do que literatura feita com pincéis, Espero que não esteja esquecido de que a humanidade começou a pintar muito antes de saber escrever, Conhece o rifão, se não tens cão caça com o gato, ou, por outras palavras, quem não pode escrever, pinta ou desenha, é o que fazem as crianças, O que você quer dizer, com outras palavras, é que a literatura já existia antes de ter nascido, Sim senhor, como o homem, por outras palavras, antes de ser já o era, Quer-me parecer que você errou a vocação, devia era ser historiador, Falta-me o preparo, senhor doutor, que pode um simples homem fazer sem o preparo, muita sorte já foi ter vindo ao mundo com a genética arrumada, mas, por assim dizer, em estado bruto, e depois não mais polimento que primeiras letras que ficaram únicas, Podia apresentar-se como autodidata, produto do seu próprio e digno esforço, não é vergonha nenhuma, antigamente a sociedade tinha orgulho nos seus autodidatas, Isso acabou, veio o desenvolvimento e acabou, os autodidatas são vistos com maus olhos, só os que escrevem versos e histórias para distrair é que estão autorizados a ser autodidatas, mas eu para a criação literária nunca tive jeito, Então, meta-se a filósofo, O senhor doutor é um humorista, cultiva a ironia, chego a perguntar-me como se dedicou à história, sendo ela tão grave e profunda ciência, Sou irónico apenas na vida real, Bem me queria a mim parecer que a história não é a vida real, literatura, sim, e nada mais, Mas a história foi vida real no tempo em que ainda não se lhe poderia chamar história, Então o senhor doutor acha que a história e a vida real, Acho, sim, Que a história foi vida real, quero dizer, Não tenho a menor dúvida, Que seria de nós se o deleatur que tudo apaga não existisse, suspirou o revisor". Escusado será acrescentar que o aprendiz aprendeu com Raimundo Silva a lição da dúvida. Já não era sem tempo.

    Ora, foi provavelmente esta aprendizagem da dúvida que o levou, dois anos mais tarde, a escrever O *Evangelho segundo Jesus Cristo*. É certo, e ele tem-no dito, que as palavras do dito título lhe surgiram por efeito de uma ilusão de ótica, mas é legítimo interrogar-nos se não teria sido o sereno exemplo do revisor o que, nesse meio-tempo, lhe andou a preparar o terreno de onde haveria de brotar o novo romance. Desta vez não se tratava de olhar por trás das páginas do Novo Testamento à procura de contrários, mas sim de iluminar com uma luz rasante a superfície delas, como se faz a uma pintura, de modo a fazer-lhe ressaltar os relevos, os sinais de passagem, a obscuridade das depressões. Foi assim que o aprendiz, agora rodeado de figuras evangélicas, leu, como se fosse a primeira vez, a descrição da matança dos Inocentes, e, tendo lido, não compreendeu. Não compreendeu que já pudesse haver mártires numa religião que ainda teria de esperar trinta anos para que o seu fundador pronunciasse a primeira palavra dela, não compreendeu que não tivesse salvado a vida das crianças de Belém precisamente a única pessoa que o poderia ter feito, não compreendeu a ausência, em José, de um sentimento mínimo de responsabilidade, de remorso, de culpa, ou sequer de curiosidade, depois de voltar do Egito com a família. Nem se poderá argumentar, em defesa da causa, que foi necessário que as crianças de Belém morressem para que pudesse salvar-se a vida de Jesus: o simples senso comum que a todas as coisas, tanto às humanas como às divinas, deveria presidir, aí está para nos recordar que Deus não enviaria o seu Filho à terra, de mais a mais com o encargo de redimir os pecados da humanidade, para que ele viesse a morrer aos dois anos de idade degolado por um soldado de Herodes... Nesse *Evangelho*, escrito pelo aprendiz com o respeito que merecem os grandes dramas, José será consciente da sua culpa, aceitará o remorso em castigo da falta que cometeu e deixar-se-á levar à morte quase sem resistência, como se isso lhe faltasse ainda para liquidar as suas contas com o mundo. O *Evangelho* do aprendiz não é, portanto, mais uma lenda edificante de bem-aventurados e de deuses, mas a história de uns quantos seres humanos sujeitos a um poder contra o qual lutam, mas que não podem vencer. Jesus, que herdará as sandálias com que o pai tinha pisado o pó dos caminhos da terra, também herdará dele o sentimento trágico da responsabilidade e da culpa que nunca mais o abandonará, nem mesmo quando levantar a voz do alto da cruz: "Homens, perdoai-lhe porque ele não sabe o que fez", por certo referindo-se ao Deus que o levara até ali, mas quem sabe se recordando ainda, nessa agonia derradeira, o seu pai autêntico, aquele que, na carne e no sangue, humanamente o gerara. Como se vê, o aprendiz já tinha feito uma larga viagem quando no seu herético *Evangelho* escreveu as últimas palavras do diálogo no templo entre Jesus e o escriba: "A culpa é um lobo que come o filho depois de ter devorado o pai, disse o escriba, Esse lobo de que falas já comeu o meu pai, disse Jesus, Então só falta que te devore a ti, E tu, na tua vida, foste comido, ou devorado, Não apenas comido e devorado, mas vomitado, respondeu o escriba".

Se o imperador Carlos Magno não tivesse estabelecido no Norte da Alemanha um mosteiro, se esse mosteiro não tivesse dado origem à cidade de Münster, se Münster não tivesse querido assinalar os 1200 anos da sua fundação com uma ópera sobre a pavorosa guerra que enfrentou no século XVI protestantes anabatistas e católicos, o aprendiz não teria escrito a peça de teatro a que chamou *In nomine Dei*. Uma vez mais, sem outro auxílio que a pequena luz da sua razão, o aprendiz teve de penetrar no obscuro labirinto das crenças religiosas, essas que com tanta facilidade levam os seres humanos a matar e a deixar-se matar. E o que viu foi novamente a máscara horrenda da intolerância, uma intolerância que em Münster atingiu o paroxismo demencial, uma intolerância que insultava a própria causa que ambas as partes proclamavam defender. Porque não se tratava de uma guerra em nome de dois deuses inimigos, mas de uma guerra em nome de um mesmo deus. Cegos pelas suas próprias crenças, os anabatistas e os católicos de Münster não foram capazes de compreender a mais clara de todas as evidências: no dia do Juízo Final, quando uns e outros se apresentarem a receber o prémio ou o castigo que mereceram as suas ações na terra, Deus, se em suas decisões se rege por algo parecido à lógica humana, terá de receber no paraíso tanto a uns como aos outros, pela simples razão de que uns e outros nele creem. A terrível carnificina de Münster ensinou ao aprendiz que, ao contrário do que prometeram, as religiões nunca serviram para aproximar os homens, e que a mais absurda de todas as guerras é uma guerra religiosa, tendo em consideração que Deus não pode, ainda que o quisesse, declarar guerra a si próprio...

Cegos. O aprendiz pensou: "Estamos cegos", e sentou-se a escrever o *Ensaio sobre a cegueira* para recordar a quem o viesse a ler que usamos perversamente a razão quando humilhamos a vida, que a dignidade do ser humano é todos os dias insultada pelos poderosos do nosso mundo, que a mentira universal tomou o lugar das verdade plurais, que o homem deixou de respeitar-se a si mesmo quando perdeu o respeito que devia ao seu semelhante. Depois, o aprendiz, como se tentasse exorcizar os monstros engendrados pela cegueira da razão, pôs-se a escrever a mais simples de todas as histórias: uma pessoa que vai à procura de outra pessoa apenas porque compreendeu que a vida não tem nada mais importante que pedir a um ser humano. O livro chama-se *Todos os nomes*. Não escritos, todos os nossos nomes estão lá. Os nomes dos vivos e os nomes dos mortos.

    Termino. A voz que leu estas páginas quis ser o eco das vozes conjuntas das minhas personagens. Não tenho, a bem dizer, mais voz que a voz que elas tiverem. Perdoai-me se vos pareceu pouco isto que para mim é tudo.

Discurso pronunciado no banquete do prêmio Nobel
10 de dezembro de 1998

Cumpriram-se hoje exatamente cinquenta anos sobre a assinatura da Declaração Universal de Direitos Humanos. Não têm faltado, felizmente, comemorações à efeméride. Sabendo-se, porém, como a atenção se fatiga quando as circunstâncias lhe impõem que se aplique ao exame de questões sérias, não é arriscado prever que o interesse público por esta comece a diminuir a partir de amanhã. Claro que nada tenho contra atos comemorativos, eu próprio contribuí para eles, modestamente, com algumas palavras. E uma vez que a data o pede e a ocasião não o desaconselha, permita-se-me que pronuncie aqui umas quantas palavras mais.

    Como declaração de princípios que é, a Declaração Universal de Direitos Humanos não cria obrigações legais aos Estados, salvo se as respetivas Constituições estabelecem que os direitos fundamentais e as liberdades nelas reconhecidos serão interpretados de acordo com a Declaração. Todos sabemos, porém, que esse reconhecimento formal pode acabar por ser desvirtuado ou mesmo denegado na ação política, na gestão económica e na realidade social. A Declaração Universal é geralmente considerada pelos poderes económicos e pelos poderes políticos, mesmo quando presumem de democráticos, como um documento cuja importância não vai muito além do grau de boa consciência que lhes porporcione.

Nestes cinquenta anos não parece que os governos tenham feito pelos direitos humanos tudo aquilo a que, moralmente, quando não por força da lei, estavam obrigados. As injustiças multiplicam-se no mundo, as desigualdades agravam-se, a ignorância cresce, a miséria alastra. A mesma esquizofrênica humanidade que é capaz de enviar instrumentos a um planeta para estudar a composição das suas rochas assiste indiferente à morte de milhões de pessoas pela fome. Chega-se mais facilmente a Marte neste tempo do que ao nosso próprio semelhante.

Alguém não anda a cumprir o seu dever. Não andam a cumpri-lo os governos, seja porque não sabem, seja porque não podem, seja porque não querem. Ou porque não lho permitem os que efetivamente governam, as empresas multinacionais e pluricontinentais cujo poder, absolutamente não democrático, reduziu a uma casca sem conteúdo o que ainda restava de ideal de democracia. Mas também não estão a cumprir o seu dever os cidadãos que somos. Foi-nos proposta uma Declaração Universal de Direitos Humanos, e com isso julgámos ter tudo, sem repararmos que nenhuns direitos poderão subsistir sem a simetria dos deveres que lhes correspondem, o primeiro dos quais será exigir que esses direitos sejam não só reconhecidos, mas também respeitados e satisfeitos. Não é de esperar que os governos façam nos próximos cinquenta anos o que não fizeram nestes que comemoramos. Tomemos então, nós, cidadãos comuns, a palavra e a iniciativa. Com a mesma veemência e a mesma força com que reivindicarmos os nossos direitos, reivindiquemos também o dever dos nossos deveres. Talvez o mundo possa começar a tornar-se um pouco melhor.

Não estão esquecidos os agradecimentos. Em Frankfurt, onde estava no dia 8 de outubro, as primeiras palavras que disse foram para agradecer à Academia Sueca a atribuição do prémio Nobel de literatura. Agradeci igualmente aos meus editores, aos meus tradutores e aos meus leitores. A todos volto a agradecer. E agora quero também agradecer aos escritores portugueses e de língua portuguesa, aos do passado e aos de agora: é por eles que as nossas literaturas existem, eu sou apenas mais um que a eles se veio juntar. Disse naquele dia que não nasci para isto, mas isto foi-me dado. Bem hajam, portanto.

Diários de Pilar del Río*

Carta de Estocolmo (7 de dezembro de 1998)
Sabíamos que vínhamos para o frio, mas não tínhamos pensado muito na neve. A verdade é que a neve é uma realidade na pintura e no cinema, mas não faz parte do nosso quotidiano, daí a nossa surpresa quando vimos que estava a nevar e que as ruas estavam brancas, tão brancas como os presépios da infância e as imagens do cinema. Quer dizer que, desde que chegámos a Estocolmo e vimos a neve, nos instalámos noutra realidade e tudo o que se passe nos próximos dias, sendo vida real, será vivido num plano diferente daquele em que habitualmente nos movemos e em que somos quem somos.

É a neve, sim, mas também a brevidade do dia: estou a escrever às três e meia da tarde e é noite fechada. O hotel, como a cidade, está iluminado com um esbanjamento de luzes que aos nossos avós, tão respeitosos perante a eletricidade, muito indignaria. A profusão de luzes é um dos primeiros impactos ao chegar a Estocolmo. Todas as ruas, todas as casas, todas as janelas das casas têm a sua própria luz, numa tentativa volun-

---
* Textos publicados originalmente no jornal *Público*.

tariosa de se opor à ausência do sol e, portanto, de claridade natural, que é — ainda que não o saibamos — fonte de alegria. Aqui os suecos têm de inventar a sua luz, a sua forma de caminhar sobre a neve, de comunicar entre si e de vencer a hostilidade climatérica. E vão ganhando essas batalhas — pelo menos assim me pareceu quando vi meninos a brincar na rua nevada como se estivessem no Jardim da Estrela, ou quando passou diante do hotel um grupo de homens com as suas varas de pesca, dispostos — Deus Santo — a permanecer horas de pé aguardando que os peixes se acerquem, ignorando o frio que dos pés vai subindo e se instala nas pessoas como uma segunda pele.

Os laureados com o prêmio Nobel de 1998 vão chegando a Estocolmo. Ontem à noite cumprimentaram-se o de economia e o de literatura. A barreira da língua sobrepõe-se a uma certa irmandade que, suponho, o compartilhar semelhante distinção gerará. Esta tarde está previsto um encontro entre todos os premiados. Será depois de enviada esta carta. A seguir, cada um irá à sua vida, ao que é a sua vida neste parênteses nevado e fantástico que é a estadia em Estocolmo quando Nobel.

Nevado e fantástico, digo bem, pois conta-se que as luzes que se veem em todas e cada uma das janelas das casas não estão ali para fingir um sol ausente ou para enfeitar, mas para evitar que entrem os gnomos e façam travessuras nas casas.

Nesta cidade que por estes dias tem cabimento no coração de tantos portugueses vivem assim mesclados sonhos, fantasias e realidades. Sempre tamisados pela brancura de neve, pela luz de um milhão de lâmpadas e pelo frio, sempre revitalizados pela amizade expressa daqueles que se acercam ou enviam as suas palavras.

São os dias mágicos do prêmio Nobel.

Linha a linha, em tempos roubados (8 de dezembro)

Conta García Márquez que Pablo Neruda escreveu o seu discurso perante a Academia Sueca em guardanapos de papel, no meio do barulho de um restaurante parisiense e perante o espanto e perplexidade dos amigos que o acompanhavam. Anos mais tarde, quando o próprio García Márquez teve de fazer o seu discurso, viu-se obrigado a retirar-se para um deserto mexicano, onde estava então a ser rodado um filme baseado num livro seu. Só longe e na solidão — porque a gente do cinema o amparou com a sua compreensão — pôde o colombiano escrever aquelas páginas magníficas que eram a voz e o grito de um continente.

Menos literárias foram as circunstâncias de José Saramago. Apesar de estar em Paris nos dias em que devia entregar o discurso, o programa que teve de cumprir — e cumpriu sem protesto nem caprichos — tornou impossível qualquer pausa para pensar, para esse momento decisivo em que a ideia se constrói na cabeça e a seguir flui como uma torrente. Dizem que isto se chama inspiração, mas na realidade falamos de trabalho, de pensamento em ação a que a maestria do autor irá dando forma e — talvez — beleza.

Em Paris, nenhuma centelha surpreendeu Saramago. Também não teve, como García Márquez, o seu deserto particular, uma vez que Lanzarote — deserto de pedra e céu — foi durante o passado mês de novembro um enxame de jornalistas, uma rede de solicitações, um labirinto de compromissos de que dificilmente se podia escapar, de modo que Saramago não teve o tempo nem a paz necessários para elaborar um discurso, que no entanto está feito e que, quando esta carta chegar a Portugal, estará também lido.

Queria contar como foi o processo de escrita deste discurso, peça fundamental dos atos que decorrem em torno do prêmio Nobel. Queria contá-lo, mas um cansaço mortal percorre-me o corpo ao recordar — só de recordá-lo — a azáfama e o bulício vividos desde 8 de outubro: são as viagens, os encontros, as emoções, são as celebrações, as entrevistas, são os amigos, é o telefone, são as cartas com experiências terríveis, são as evidências de que algo muda na vida pessoal, são os pedidos de solidariedade, é a consciência da própria alegria e da própria felicidade, enquanto o mundo continua a girar na sua quotidiana órbita, essa que a alguns tanto conforta e à maioria tanto desconsola...

E Saramago pôs-se a escrever o seu discurso em Lanzarote. Ligou o seu computador, mas um telefonema urgente impediu-o de começar o texto. Voltou à máquina, mas já era hora de responder aos jornalistas que esperavam. Regressou ao discurso ainda em branco, mas um fotógrafo precisava de aproveitar exatamente essa luz. Tentava escrever e era outra vez o telefone, e logo uma rádio, ou uma TV, ou um pedido de solidariedade. E quando, por fim, começava a concentrar-se, outros jornalistas esperavam, falando outra língua, talvez com as mesmas curiosidades a que o autor tinha que responder paciente, porque os últimos não são responsáveis do cansaço acumulado.

Assim escreveu José Saramago o seu discurso perante a Academia Sueca. Linha a linha em tempos roubados, como se escrever estas páginas fosse um entretenimento ou uma tarefa secundária. Como se não tivessem importância para o escritor, quando o escritor pedia a quem o ouvisse uns minutos de calma, tempo, por favor, para trabalhar.

O resultado do esforço, que a autora desta carta qualifica de gigantesco — esforço e resultado —, não necessita de comentários. Cada leitor, enfrentando-se com o texto, saberá se se falou daquilo que o preocupa e interessa. E, no fundo do seu coração, saberá de quê e de quem se está a falar, com quanta beleza e tanta verdade.

Palavras que são nossas (9 de dezembro)

Escrevo esta carta, que hoje será mais um telegrama, sabendo que não poderei expressar a emoção que acabamos de viver. Subitamente, o peso da literatura, a grandeza e a beleza das palavras manifestaram-se num salão do hotel que acolhe o prêmio Nobel em Estocolmo. Íamos portugueses e suecos, íamos os leitores visitar uma exposição, sem uma ideia muito clara do que nos esperava e de repente deparamos com frases como estas: "O que mais há na terra é paisagem", ou "além da conversa das mulheres, são os sonhos que seguram o mundo na sua órbita". Fomos escutar estas palavras, ouvimo-las no português em que estão escritas e soubemos que não estamos errados quando amamos certos livros, quando respeitamos os seus criadores.

Acabamos de ouvir palavras bonitas, vimos imagens, ouvimos a música que as envolvia, isto é Estocolmo, hoje o dia dá para pensar que o mundo está bem-feito. Sabemos que não é assim, mas deem-me licença para sonhar, só peço umas horas enquanto continua a ressoar no Grand Hôtel a música de Seixas e de Scarlatti, enquanto as fotografias de João Francisco Vilhena continuam a difundir as suas sombras, enquanto as palavras de Saramago nos acompanham, como se tivessem saído de nós mesmo porque são nossas.

As duas sombras de José Saramago (10 de dezembro)
Se eu não acabar esta carta, o responsável será Tore Zetteberf. Tore Zetteberf e o tempo, que em Estocolmo, durante os dias do Nobel, é um bem tão precioso como escasso. O que acontece é que o Ministério dos Negócios Estrangeiros sueco dispõe de um funcionário perito em línguas para acompanhar cada laureado, e a sombra de Saramago é Tore. Sombra, aviso e ameaça. Cada vez que ele aparece é porque é chegado o momento de cumprir outro compromisso e é implacável: os horários existem para serem cumpridos e dois minutos de atraso é mais de que um drama, uma tragédia.

Não sei se todos os suecos são tão rígidos como o Tore. Sei que são pontuais, austeros, comedidos, simpáticos, mas se compartilham com o Tore o seu sentido de responsabilidade, este país, a Suécia, salvará o mundo, pelo simples fato de obrigar a andar, hora após hora, na direção certa e sem atraso. Grande tarefa sem dúvida a que a Suécia tem por diante. Vejo Tore transpirar porque não consegue arrancar Saramago do grupo dos portugueses, porque o escritor para a conversar com quem o saúda, porque não respeita o programa, porque quer fazer uma pausa entre dois atos para manter um encontro, e isso é quase um delito: se não está na agenda, não é possível.

De qualquer forma tenho que dizer que Tore é simpático. Ri como as crianças, com um riso franco e aberto, como só se riem as pessoas que têm a consciência tranquila, porque fizeram o seu trabalho.

A outra sombra de Saramago é um português que vive na Suécia há mais de trinta anos. Chama-se António Afonso e é o motorista que leva o laureado de um lugar para outro, segundo o ritmo inumano da agenda do Nobel de literatura. António fornece a nota tranquilizadora, diz que vamos chegar a tempo, que conhece um atalho, que não há problema. António levou os sapatos de Saramago para que um sapateiro, talvez também português, pusesse umas solas de borracha por cima das de couro, para evitar uma queda sobre a neve gelada, "não vá alguma coisa impedir-nos de receber o Nobel". António roda por Estocolmo, com o coração radiante, porque será ele que vai levar Saramago a receber o prêmio Nobel. Agora deixo-vos: Tore espera, e o seu olhar é um desafio.

Enquanto Pilar se está a pentear... (11 de dezembro)
Se não fôssemos amigos de Pilar del Río, não teríamos este atrevimento. Mas somos amigos de Pilar, e o seu mundo está cheio de suplentes sentimentais, embusteiros emotivos, loucos pela causa de Pilar.

Esta tarde Pilar del Río não escreve, porque ela é a protagonista de uma história inesquecível, de um conto em que ela mesma é a fada, e a estrela (varinha mágica!) é José Saramago. Entretanto, na ausência dele, a complacência (sentimental) instala-se na sua "suite".

Enquanto recolhem os restos da ceia de ontem, na qual o prêmio Nobel de literatura falou sobre direitos humanos, ao lado da rainha Sílvia, enquanto outros preparam a ceia real de hoje, Pilar del Río abriu a porta das suas instalações a uma vintena de amigos inconvenientes, choramingas e mimados, que trouxeram vinho, presunto, e queijo, e muitas emoções.

A quietude do lago de Estocolmo agitou-se com o calor, com a alegria dos amigos de Pilar, que falaram de José como quem fala de uma justiça restabelecida, e de si mesmo, e de alguém que se ama. Pelas claraboias das instalações de Saramago podiam ver-se, ao anoitecer das três da tarde de Estocolmo, portugueses e espanhóis felizes. Que falta de modéstia da felicidade ibérica! Que pandilha de primatas carinhosos, que urbanidade tão pouco domesticada!

O Nobel de literatura, José Saramago, permitiu que no seu quarto sueco homens e mulheres amigos de Pilar brindassem em português e espanhol, inventando um idioma, a língua dos que interrogam o coração antes de falar. É a língua que José empresta ou pede emprestada àqueles que não fazem estilo e não sabem entrar na internet, é o esperanto universal de justiça, de solidariedade, e também do carinho e do amor. O amor, essa palavra que soa a rosa, mas na realidade é vermelha e violeta, vermelha como o sangue, e como os cravos que Pilar del Río leva a todas as cerimônias do Nobel. Esta noite, Pilar, que se está agora a pentear, encherá de vermelho e de poesia os salões do Palácio

Real com aquelas palavras que Cristo/José disse a Madalena/mulher/Pilar. "Quero estar onde está a tua sombra." A sombra dos que se amam como Pilar e José não morre nunca porque sempre perdura o sol da amizade. A palavra que toca e nunca termina. Ao contrário desta crônica, que acaba aqui.

Mercedes de Pablos

Adeus, Estocolmo (12 de dezembro)
Dizem que frequentam aquela escola emigrantes de cinquenta países. Não há nada de estranho, uma vez que o mapa da pobreza é quase tão grande como o do próprio mundo. Falo da pobreza material, a carência de bens, também da pobreza moral, fanatismo no seu outro nome, que obriga as pessoas a dolorosos exílios pelas suas ideias políticas ou religiosas. Parece absurdo, mas assim é.

Pois bem, crianças e jovens de cinquenta países receberam José Saramago com a alegria da inocência e a capacidade de reconhecimento que atribuímos aos sábios. Explicaram-lhe como era o bairro onde viviam — Rinkeby —, a sua evolução histórica, e falaram da harmonia entre as distintas culturas que o habitam. Com história em quadrinhos recordaram ao escritor a sua própria biografia, pintaram a aldeia de Azinhaga com um ar sueco e ao Saramago dos anos 30 a estudar num quarto próprio (que nunca teve) ou a ver televisão — anacronismos perdoáveis se levarmos em conta que para a infância de hoje é impossível entender a vida sem um aparelho de TV. Os filhos da emigração de

Rinkeby também intuíram que os três cães de José Saramago são parte principal dos seus sentimentos, por isso desenharam o protagonista a dar pedaços de banana a Pepe, Greta e Camões, coisa que acontece após cada refeição. Os cães de Saramago são gulosos de fruta canária e os estudantes de Rinbeky demonstraram ter boa informação.

A visita à escola, o encontro com os leitores na Livraria NK, a conversa com poetas e romancistas suecos, o passeio pela Fundação Nobel e o almoço na Biblioteca Nacional foram alguns dos últimos atos de Estocolmo. Ainda falta uma visita à universidade e à biblioteca de Uppsala antes que o laureado apanhe o avião que o devolverá a Lisboa, aos amigos que não o puderam acompanhar, e ao idioma acolhedor no qual escreve e que o formou como homem. A viagem de volta está prevista para segunda-feira, dia 14. Hoje, sábado, enquanto escrevo esta carta, os diversos prémios Nobel 1998 começam a abandonar Estocolmo, e a neve também começa a derreter. A cidade pôs-se bonita para receber os seus convidados, agora volta à rotina do duro inverno, sem a fantasia do conto de fadas que são estes dias especiais, sem dúvida um estímulo para continuar a viver. Para trás ficam cerimónias reais, músicas diversas, brilhos sociais, discursos e entregas de prêmios. Fica, também, a visita que, horas antes de o rei da Suécia entregar as medalhas com a imagem de Alfred Nobel, José Saramago fez ao monumento em homenagem às brigadas internacionais que lutaram na Guerra Civil da Espanha ao lado da República e contra Franco. Era o aniversário da Declaração Universal dos Direitos Humanos e José Saramago quis prestar reconhecimento aos quase quinhentos suecos que perderam a vida para que outros pudessem viver sem a indignidade do fascismo. Não conseguiram mudar o curso da batalha, mas o exemplo dos brigadistas permanece e em Estocolmo qualquer manifestação de solidariedade ou reivindicação parte daquele monumento com duas mãos unidas, que simboliza generosidade, universalidade e dignidade.

Acabo estas cartas que o jornal *Público* me pediu e que escrevi com prazer porque me permitiu contar algo do que vi e senti durante estes dias em Estocolmo. Algo: se pretendia descarregar o coração de emoções tenho que confessar que não consegui, sinto-o tão cheio que parece que a qualquer momento ele vai explodir. Suponho que também o de José Saramago estará repleto de sentimentos que algum dia, quem sabe, poderá contar a todos os leitores. Não será agora, nestes instantes em que me despeço, porque quando lhe ia pedir que escrevesse a palavra "fim" e que deixasse um último pensamento, tocou o telefone do quarto para comunicar que o Nobel da paz o aguardava no lobby do hotel. Paz e literatura abraçam-se nestes momentos. Paz e literatura. Não poderia escrever palavras mais belas, nem expressar melhores desejos.

Nota do autor

Teria sido um árduo e lento trabalho o de reunir jornais e revistas de Portugal, Espanha e outras partes do mundo com as notícias sobre o prêmio Nobel de literatura de 1998. Teria sido impossível recuperar as mensagens que inundaram a caixa postal de José Saramago naqueles dias. Por sorte, essa recolha foi feita no momento e na forma oportunos. Conforme essas publicações e missivas foram chegando, elas foram sendo guardadas na casa do escritor, em Lanzarote. Hoje, as pastas com quilos de papéis devidamente recortados, datados e organizados, são conservadas pela Fundação José Saramago, em Lisboa. Esse material foi fundamental para a realização deste livro. E por isso o meu muito obrigado aos "heróis" — familiares e amigos do escritor — que levaram a cabo, há vinte anos, essa tarefa.

De enorme valia foram também os testemunhos de dezenas de pessoas com quem conversei para construir este relato. Muitíssimo obrigado a todos aqueles que dedicaram o seu tempo a responder às minhas questões, relembrar histórias, revisitar o passado, procurar documentos ou confirmar algum dado pedido. Este livro ficaria incompleto sem essas colaborações.

Sou grato, especialmente, a Amadeu Batel, por confiar em revelar, pela primeira vez, o seu papel no Nobel de Saramago. Muito obrigado também a Sergio Ramírez, pela disposição e pela generosidade com que aceitou escrever o prólogo deste livro, e a Fernando Gómez Aguilera, pelo cuidado e pelo carinho com que leu a primeira versão do manuscrito.

Agradeço, e muito, à direção da Fundação José Saramago, por ter apostado neste projeto, e aos meus pais, pelos motivos que eles sabem.

Por fim, agradeço aos leitores anônimos de José Saramago. Não só aqueles cujas palavras figuram neste livro, através do diálogo que estabeleceram com o escritor, mas também àquela multidão dispersa que fez de José Saramago um Nobel. "Descubro que sou escritor quando verifico que tenho leitores", afirmou uma vez o autor português. Sem esses leitores não haveria motivo de celebração, objetivo deste livro. Se a literatura é uma promessa de felicidade, como vaticinou Saramago, os vinte anos do seu prêmio Nobel de literatura são um excelente momento para reviver essa alegria. Espero, apenas, que este livro acrescente algo à festa.

Obras de José Saramago publicadas pela Companhia das Letras

Alabardas, alabardas, espingardas, espingardas (com ilustrações de Günter Grass)
O ano da morte de Ricardo Reis
O ano de 1993
A bagagem do viajante
O caderno
Cadernos de Lanzarote
Cadernos de Lanzarote II
Caim
Claraboia
A caverna
Com o mar por meio: Uma amizade em cartas (com Jorge Amado)
O conto da ilha desconhecida
Don Giovanni ou O dissoluto absolvido
Ensaio sobre a cegueira
Ensaio sobre a lucidez
O Evangelho segundo Jesus Cristo
História do cerco de Lisboa
O homem duplicado
In nomine Dei

As intermitências da morte
A jangada de pedra
O lagarto (com xilogravuras de J. Borges)
Levantado do chão
A maior flor do mundo
Manual de pintura e caligrafia
Memorial do convento
Objeto quase
As pequenas memórias
Que farei com este livro?
Todos os nomes
Último caderno de Lanzarote — O diário do ano do Nobel
Viagem a Portugal
A viagem do elefante

ESTA OBRA FOI COMPOSTA POR OSMANE GARCIA FILHO EM FREIGHT TEXT
E IMPRESSA PELA GEOGRÁFICA EM OFSETE SOBRE PAPEL PÓLEN SOFT DA
SUZANO PAPEL E CELULOSE PARA A EDITORA SCHWARCZ EM DEZEMBRO DE 2018

A marca FSC® é a garantia de que a madeira utilizada na fabricação do papel deste livro provém de florestas que foram gerenciadas de maneira ambientalmente correta, socialmente justa e economicamente viável, além de outras fontes de origem controlada.